La réforme du dialogue social
dans la fonction publique

Logiques Juridiques

Fondée par Gérard Marcou

Dirigée par Jean-Claude Némery et Thomas Perroud

Le droit n'est pas seulement un savoir, il est d'abord un ensemble de rapports et pratiques que l'on rencontre dans presque toutes les formes de sociétés. C'est pourquoi il a toujours donné lieu à la fois à une littérature de juristes professionnels, produisant le savoir juridique, et à une littérature sur le droit, produite par des philosophes, des sociologues ou des économistes notamment.

Parce que le domaine du droit s'étend sans cesse et rend de plus en plus souvent nécessaire le recours au savoir juridique spécialisé, même dans des matières où il n'avait jadis qu'une importance secondaire, les ouvrages juridiques à caractère professionnel ou pédagogique dominent l'édition, et ils tendent à réduire la recherche en droit à sa seule dimension positive. À l'inverse de cette tendance, la collection « Logiques juridiques » des éditions L'Harmattan est ouverte à toutes les approches du droit. Tout en publiant aussi des ouvrages à vocation professionnelle ou pédagogique, elle se fixe avant tout pour but de contribuer à la publication et à la diffusion des recherches en droit, ainsi qu'au dialogue scientifique sur le droit. Comme son nom l'indique, elle se veut plurielle.

Dernières parutions

Hind ADIL, *Le droit des assurances sous l'égide des lois marocaines pour débutants, Les contrats terrestres et de transports maritimes et aériens*, 2025

Esteban RENAUD, *La normativité des conclusions. Le pouvoir jurisprudentiel des rapporteurs publics près le Conseil d'État*, 2025.

Aziz EN NEFKHAOUI, *Procédure pénale marocaine*, 2024.

Jérémy BOUSQUET, *Le précédent judiciaire dans les conclusions des rapporteurs publics. Étude à partir du droit des contrats administratifs*, 2024.

Cătălin-Silviu SARARU et Cristina Elena Popa TACHE (dir.), *Le droit international en transition, Contributions à la 4e*

Sous la direction de
Ludivine Clouzot et François-Xavier Fort

LA RÉFORME DU DIALOGUE SOCIAL DANS LA FONCTION PUBLIQUE

L'Harmattan

Publication de François-Xavier Fort
aux éditions L'Harmattan :

Contrat et droit des collectivités territoriales, 2014.

5-7, rue de l'École-Polytechnique ; 75005 Paris

http://www.editions-harmattan.fr

ISBN : 978-2-336-44356-0

EAN : 9782336443560

PROPOS LIMINAIRE

Cet ouvrage constitue les actes du colloque consacré à la réforme du dialogue social dans la fonction publique, organisé le 4 février 2022 à la Faculté de droit et de science politique de l'Université de Montpellier.
Cette manifestation, qui a réuni universitaires, représentants des trois versants de la fonction publique ainsi que des organisations syndicales, avait pour but de mettre en perspective la réforme issue de la loi de transformation de la fonction publique du 6 août 2019 et de l'ordonnance du 17 février 2021 relative à la négociation et aux accords collectifs dans la fonction publique.
Sont ici restituées les différentes interventions livrées lors de l'événement ainsi que les deux tables rondes organisées durant cette journée d'étude.

SOMMAIRE

Mutation d'office des fonctionnaires dans l'intérêt du service après la loi Dussopt de transformation de la fonction publique du 6 août 2019 : les commissions administratives paritaires évincées

Antony TAILLEFAIT
Professeur de droit public à l'Université d'Angers

René Chapus[1] ne s'est jamais departi de son analyse de la justification des commissions administratives paritaires (CAP) dans la fonction publique : « Leur institution (initialement par la loi du 19 octobre 1946) procède de la préoccupation d'assurer l'examen de la discussion paritaire des principales questions d'ordre individuel relatives à la carrière des fonctionnaires, de façon à prévenir le risque de décisions arbitraires ou insuffisamment éclairées ». Ce risque est parfois avéré[2].

Il faut se souvenir que leur création, qui donnait forme à l'idéologie de la participation chère au Général de Gaulle[3],

---

[1] R. Chapus, *Droit administratif général*, T. 2, Montchrestien, 15e éd. 2001, p. 121.

[2] CE, 9 mars 2016, req. n° 382014 : « la commune de Goyave n'a fait état d'aucun élément de nature à établir que la mesure privant M. B. de ses fonctions de responsable du service technique était justifiée par l'intérêt du service. La lettre adressée à M. B. par le maire dès le lendemain, le 12 janvier 2010, annonçant qu'il avait décidé de lui infliger un blâme, a révélé le véritable motif de la mesure d'éviction critiquée, lequel était disciplinaire. Cette sanction disciplinaire déguisée, ayant été édictée en méconnaissance du contradictoire et des droits de la défense, est entachée d'illégalité. M. B. est par suite fondé à en demander l'annulation ». V. aussi : CAA Versailles, 28 mai 2015, req. n° 14VE01358.

[3] Il concevait la participation comme une alternative au capitalisme et au communisme permettant l'association du capital, du travail et des

était un coin enfoncé dans la conception antérieure du fonctionnaire, une conception autoritaire imposant des sujétions et consacrant peu de droits à leur bénéfice[1]. Cette participation n'a jamais convaincu la grande majorité des fonctionnaires qui savent qu'elle est un théâtre d'ombres. Ils lui ont toujours préféré un droit d'examen de la détermination des conditions d'exercice de leurs missions et de la gestion des personnels et des services. Les lois de fonction publique depuis 1983 ont exprimé des évolutions erratiques de « l'état d'esprit participatif » dans les administrations combinées avec des évolutions parallèles du principe hiérarchique.

La condition statutaire, légale et règlementaire des fonctionnaires depuis 1937-1946 repose sur un principe général de distinction du grade et de l'emploi. Le grade « appartient » au fonctionnaire, l'emploi à son Administration. Cela implique que son affectation sur un emploi public est décidée par l'autorité administrative compétente. Cette affectation n'est pas « négociée » ; le fonctionnaire par principe n'ayant aucun droit à la conserver ni à en changer. Elle peut être demandée mais elle est décidée par l'autorité hiérarchique laquelle exerce un pouvoir discrétionnaire. Le statut général des fonctionnaires prévoit à cet effet que « l'autorité compétente procède aux mutations des fonctionnaires de

---

capacités. V. Charles de Gaulle, *Discours et Messages, 1966-1969. Entretien radiotélévisé du 7 juin 1968*, Le livre de poche, p. 330.

[1] A. Taillefait, « Fonction publique française : l'éloignement du système de la carrière », dans Pr A. Haquet et B. Camguilhem (dir.), *L'avenir du statut de la fonction publique*, colloque du 20 octobre 2017, éd. de l'Institut universitaire Varenne, 2019, pp. 45-60 & « Le statut de la fonction publique : protection ou immobilisme ? », 41e colloque de l'association française des administrateurs de l'Éducation, *Existe-t-il une politique des ressources humaines à l'Éducation nationale ?*, Rouen 22-24 mars 2019, revue *Administration et Éducation* 2019/3 nº 163, p. 149-160.

l'État en tenant compte des besoins du service » (CGFP, art. L. 512-18[1]). Ce pouvoir n'est pas arbitraire dans la mesure où il doit respecter certaines règles offrant plus ou moins de garanties à l'agent concerné. Sur ce point aussi le statut général (CGFP, art. L. 512-22) précise que « dans les Administrations ou services, les mutations peuvent être prononcées dans le cadre de tableaux périodiques de mutations ».

Parmi les changements d'affectation, la mutation d'office dans l'intérêt du service est celle dont le degré de participation est le plus faible, au vrai de plus en plus faible du fait de la suppression de la consultation des CAP.

1. Mutations d'office dans l'intérêt du service : définition et garanties procédurales

Une mutation dans la fonction publique est une décision individuelle qui réaffecte un fonctionnaire d'un emploi que son grade lui donne vocation à occuper vers un autre emploi que son grade lui donne vocation à occuper. Au sein de ce cadre général, il est distingué celle qui est prononcée d'office ou à titre de sanction de celle qui est décidée à la demande du fonctionnaire.

La mutation d'office dans l'intérêt du service est une notion et un régime juridique concernant l'ensemble de la fonction publique, depuis longtemps. Elle est une mesure autoritaire d'affectation d'un agent en position d'activité afin qu'il exerce ses fonctions ailleurs, sur un autre poste que celui qu'il occupe, laquelle mesure est justifiée par l'intérêt du service et décidée par l'Administration unilatéralement et à sa propre initiative. Cette décision va

[1] Le statut général des fonctionnaires territoriaux dispose (CGFP, art. L. 512-24) : « Les mutations sont prononcées par l'autorité territoriale d'accueil. »

donc modifier la situation du fonctionnaire, le lieu géographique d'affectation et parfois provoquer un changement de résidence.

Lorsque ce type de changement d'affectation, comme un déplacement sur un autre poste au sein d'un même service, ne revêt pas de tels caractères, il est une mesure d'ordre intérieur sans garanties juridiques procédurales et sans possibilité de recours, administratif ou contentieux[1]. Mais cette décision de réaffectation interne au service soulève elle aussi des difficultés frontalières entre une décision qui a la nature d'une telle réaffectation et une réaffectation qui a la nature d'une sanction. Pour opérer la distinction, les juges administratifs adoptent une sorte de raisonnement par prétérition. Si la mesure n'a pas les caractères d'une sanction déguisée, ni celle d'une discrimination, elle est une mesure d'ordre intérieur. Il faut avouer que ces distinctions sont délicates. La jurisprudence[2] tente de préciser que ce type de modification de l'affectation au sein du service ou celle des tâches à accomplir ne doit pas porter atteinte aux droits et prérogatives que l'agent tient de son statut ou à l'exercice de ses droits et libertés fondamentaux, ni n'emporter une perte de responsabilités ou de rémunération. Une fois encore, observons qu'une telle caractérisation négative ne clarifie pas complètement le bornage du champ d'application des notions utilisées dans cette définition.

---

[1] CE, 29 déc. 1999, *M. Saint-Aubin*, req. nº 202822.

[2] CE, 25 sept. 1995, *M. B. c/ directeur du travail*, req. nº 372624 : « les mesures prises à l'égard d'agents publics qui, compte tenu de leurs effets, ne peuvent être regardées comme leur faisant grief, constituent de simples mesures d'ordre intérieur insusceptibles de recours ; qu'il en va ainsi des mesures qui, tout en modifiant leur affectation ou les tâches qu'ils ont à accomplir, ne portent pas atteinte aux droits et prérogatives qu'ils tiennent de leur statut ou à l'exercice de leurs droits et libertés fondamentaux, ni n'emportent perte de responsabilités ou de rémunération ; que le recours contre de telles mesures, à moins qu'elles ne traduisent une discrimination, est irrecevable ».

Comme la mutation d'office, le changement d'affectation interne, on s'en doute, peut permettre d'écarter un agent du service qui n'est pas apprécié par sa hiérarchie pour différentes raisons, parfois sous couvert d'une réorganisation du service.

La mutation dans l'intérêt du service frappe davantage la condition du fonctionnaire que la réaffectation interne au service. Des garanties procédurales ont été progressivement accordées à l'agent concerné afin en principe d'éviter l'arbitraire administratif.

Dans un premier temps, le statut général des fonctionnaires, depuis 1946[1] et jusqu'en 2022, exige que l'Administration informe et recueille l'avis consultatif de la CAP du corps d'emplois d'appartenance (CAP) de l'agent muté. Cette consultation permet tout à la fois à l'Administration de diffuser et de justifier l'intérêt du service à opérer la mutation et d'autre part aux représentants des organisations syndicales de formuler éventuellement des critiques et des contradictions. La transparence nourrit de cette manière les préventions contre l'arbitraire. L'information sur les causes du changement d'affectation est donc collective, ce qui ne s'oppose pas au respect de l'obligation de discrétion professionnelle qui s'impose aux commissaires paritaires. La jurisprudence[2] est constante sur le caractère nécessairement préalable à la mutation de cette consultation dont la privation est celle d'une garantie au sens de la jurisprudence *Danthony*. Elle ajoute que « la formalité de la consultation de la commission administrative paritaire (ne) peut se substituer à celle de la consultation du dossier (que) si des garanties équivalentes à la possibilité de consulter son dossier sont

---

[1] Loi du 19 oct. 1946, art. 128.

[2] CE, 25 mars 1992, *Min. Défense c/ B.*, req. n° 89302 ; CE, Sect., 30 déc. 2003, *Min. éduc. nat. c/ Mme Tiraspolsky*, req. n° 234270.

offertes à l'agent et (que) si celui-ci, averti de la date de la réunion de la commission, est mis en mesure de se rapprocher, s'il le souhaite, des représentants élus du personnel afin de leur exposer sa situation ».

Cette information est aussi personnelle et individuelle. La jurisprudence a ajouté, précisément à la suite de la mutation d'office dans l'intérêt du service de Mme Tiraspolsky[1], que l'Administration mette à même cette enseignante de consulter son dossier administratif afin de connaître précisément les motifs de la décision unilatérale de mutation. La mutation d'office étant une mesure prise en considération de la personne de l'agent public, les dispositions de la loi du 22 avril 1905 (art. 65) étant encore aujourd'hui en vigueur, elle doit bénéficier de cette garantie. L'affaire *Tiraspolsky* a eu pour conséquence de faire profiter tous les fonctionnaires et agents publics de cet élément de protection. L'article 65 de la loi de 1905 dispose en effet que « tous les fonctionnaires civils et militaires, tous les employés et ouvriers de toutes administrations publiques ont droit à la communication personnelle et confidentielle de toutes les notes, feuilles signalétiques et tous autres documents composant leur dossier, soit avant d'être l'objet d'une mesure disciplinaire ou d'un déplacement d'office, soit avant d'être retardés dans leur avancement à l'ancienneté », c'est-à-dire avant toutes décisions prises en considération de la personne, y compris les mutations d'office dans l'intérêt du service.

Ayant connaissance des motifs de la décision qui le concerne, le fonctionnaire peut ainsi préparer les arguments qu'il pourra mettre en avant lors de l'entretien qu'il aura avec sa hiérarchie. Au plan éthique, il est difficile d'imaginer qu'un tel entretien n'ait pas lieu avant que

---

[1] CE, 30 déc. 2003, *Min. éduc. nat. c/ Mme Tiraspolsky*, req. nº 234270, *JCP A* 2004, nº 7, comm. 1092, note D. Jean-Pierre ; *AJDA* 2004. 668, note O. Dord ; *AJFP* 2004. 192, obs. C. Moniolle.

l'intéressé ne reçoive l'arrêté qui le mute. À tout le moins, l'article L. 121-1 du Code des relations entre le public et l'Administration prévoit une procédure contradictoire pour toutes les décisions prises en considération de la personne. Cette règle s'applique aux relations entre l'Administration et ses agents (CRPA, art. L. 121-2). Cette exigence liée au principe du contradictoire implique d'informer l'agent de la décision envisagée et de ses motifs, et de lui permettre de formuler ses observations. Bien entendu ces observations peuvent être faites par écrit mais l'entretien avec le cadre à l'origine de la mesure est un face-à-face en phase avec l'individualisation des rapports professionnels au sein de la fonction publique.

Cela dit, souvent, la décision de mutation d'office est précédée d'une enquête administrative. Jusqu'à présent le rapport de l'inspection générale était communiqué – à tout le moins ses principales conclusions – aux membres de la CAP. La jurisprudence prévoit qu'il soit transmis à l'agent muté. Au titre du principe de communication effective et complète de son dossier administratif à l'agent, il a été jugé que celle-ci n'avait pas ces caractères faute de ce que le dossier ne comportait pas le rapport d'audit portant sur l'exercice des missions par l'agent mis en cause. L'arrêt précise « qu'en écartant par ces motifs le moyen tiré du caractère lacunaire du dossier communiqué à M. A, sans inviter l'administration à verser aux débats un rapport dont ils avaient admis l'incidence sur la mesure contestée et dont le requérant soutenait qu'il contenait des appréciations sur sa manière de servir, les juges du fond ont méconnu leur office[1] ». Cette transmission peut ne pas suffire. Les procès-verbaux d'audition par exemple doivent aussi être transmis,

[1] CE, 18 févr. 2009, *Gentet, commissaire de police*, req. n° 300955, *AJDA* 2009, p. 1000, note Poujo.

dont les déclarations qui ont été faites, sauf risque de grave préjudice pour les témoins[1].

À ces garanties que sont la consultation de la CAP et la mise en mesure de consulter le dossier administratif, s'en ajoute une autre importante pour la suite de nos développements. La mutation d'office ne doit pas altérer la carrière de l'intéressé. À la suite de cette décision, l'agent ne doit pas être « déclassé » dans ses responsabilités et ses droits pécuniaires. Il y a là l'élément juridique principal pour faire le départ entre une mutation d'office dans l'intérêt du service et la mesure disciplinaire du déplacement d'office ; discrimination qui doit être explicitée. Par exemple, les tribunaux administratifs [2] jugent : « Considérant qu'il ressort du dossier que les juges du fond [la Cour administrative d'appel] ont souverainement apprécié, sans dénaturer les faits de l'espèce, que d'une part la décision de mutation litigieuse a été prise en raison du comportement de M. A envers les membres de sa hiérarchie et certains de ses collègues, et des conséquences de cette situation sur le fonctionnement normal du collège, que d'autre part les attributions de l'intéressé dans son nouvel établissement sont conformes aux missions des ouvriers d'entretien et d'accueil et n'ont entraîné pour lui aucun déclassement ; que dans ces conditions, en jugeant que la décision litigieuse, alors même qu'elle était motivée par le comportement de l'intéressé dans l'exercice de ses fonctions, ne présentait pas le caractère d'une sanction disciplinaire, mais avait été prise dans l'intérêt du service, le tribunal administratif n'a pas

[1] CE, 5 févr. 2020, *Decottignies, directeur de l'ENIM*, req. nº 433130, *AJDA* nº 14/2020. 802, concl. L. Dutheillet de Lamothe ; *Dr. adm.* mai 2020, nº 24, G. Eveillard ; *AJFP* 2020. 195 – CE, 28 janv. 2021, *MV, inspecteur général de la jeunesse et des sports*, req. nº 435946, *AJFP* 2021. 149 – CE, 18 nov. 2022, *MV, inspecteur général de la jeunesse et des sports*, req. nº 457565.

[2] CE, 28 déc. 2009, *Lionel A.*, req. nº 312133.

entaché son jugement d'une erreur de qualification juridique des faits de l'espèce ».

2. Mutation d'office dans l'intérêt du service : « une coloration répressive »

Sur le fond, originellement, la mutation d'office est destinée à assurer un fonctionnement serein et à rétablir une continuité apaisée du service. Elle écarte un agent dont la présence dérange. L'Administration ne manifeste pas une intention répressive. L'agent concerné n'est pas fautif, à tout le moins au regard des normes juridiques. Sa façon d'exercer ses missions et sa manière d'être en service ne sont pas une infraction disciplinaire mais provoquent une certaine perturbation. L'agent public cause des « incidents » qui ne sont pas des fautes disciplinaires mais qui ne sont pas sans effet sur le service. Par exemple, l'Éducation nationale décide la mutation d'office du chef d'établissement afin de parvenir à apaiser un climat conflictuel, tout cela sous le contrôle du juge administratif éventuellement saisi par l'agent concerné[1]. En l'espèce pourtant la fonctionnaire était victime d'un harcèlement avéré de la part de certains de ses subordonnés.

Parfois, pour ne pas dire souvent, la mutation d'office est un renoncement de l'Administration à engager une action disciplinaire. C'est dire que la difficulté tient à ce que la mutation d'office prend souvent des « couleurs répressives » qui la font ressembler au déplacement d'office, sanction disciplinaire prévue par le statut général des fonctionnaires (CGFP, art. L. 533-1) laquelle nécessite légalement l'engagement d'une procédure disciplinaire et la réunion d'un conseil de discipline, c'est-à-dire de la CAP en composition dite restreinte. Lors de la contestation de la mutation d'office devant la juridiction administrative,

---

[1] CE, 28 juin 2019, *Baranès et SGEN-CFDT*, req. n° 415863.

l'agent cherchera à faire requalifier ce type de mutation en sanction déguisée laquelle sera annulée par les juges dans la mesure où l'Administration n'aura pas respecté la procédure disciplinaire. En conséquence la mutation d'office sera annulée et l'agent réintégré dans son poste d'affectation initiale. Il cherchera aussi à faire indemniser son préjudice par l'Administration comme Mme Tiraspolsky a pu le démontrer [1]. Elle avait été mutée d'office le 1er septembre 1997 du lycée Frédéric Mistral en Avignon au lycée Philippe-de-Gérard situé lui aussi en Avignon. Elle a d'ailleurs obtenu trois fois gain de cause devant les juges administratifs.

Un éminent conseiller d'État, souvent commissaire du gouvernement, M. Bruno Genevois, explique : « la sanction disciplinaire déguisée se caractérise par la conjonction d'un élément subjectif et d'un élément objectif. L'élément subjectif est constitué par l'intention de l'auteur de l'acte incriminé d'infliger une sanction, c'est-à-dire de porter une atteinte à la situation professionnelle de l'agent sur la base de grief articulé contre lui. L'élément d'ordre objectif est relatif aux effets de la mesure incriminée. Il faut qu'elle ait par elle-même les effets d'une sanction disciplinaire, qu'elle porte atteinte à la situation professionnelle de l'agent, c'est-à-dire qu'elle supprime ou limite les droits et avantages actuels ou virtuels résultant du statut de l'intéressé. »

Par exemple, dans une affaire lue en 1995, le Conseil d'État [2] juge : « Considérant que, dans sa décision du 30 août 1990, le maire de Beaumont-de-Lomagne a indiqué à Mme Diague que, "compte tenu des nombreuses plaintes émanant tant des parents d'élèves que du corps enseignant concernant son attitude vis-à-vis des jeunes enfants

---

[1] CAA Marseille, 20 mars 2001, *Mme Tiraspolsky*, req. n° 00MA01427.

[2] CE, 29 déc. 1995, *Commune de Beaumont-de-Lomagne c/ Mme Diague*, req. n° 151085.

fréquentant l'école maternelle", elle serait affectée, à compter de la rentrée scolaire, à l'école primaire ; que cette mutation ayant eu pour effet de diminuer de façon substantielle le nombre d'heures de travail de l'intéressée et de réduire, en conséquence, sa rémunération, elle doit être regardée comme ayant eu un caractère disciplinaire ; que le maire avait, d'ailleurs, initialement présenté cette mesure à Mme Diague, comme une sanction ;

Considérant que la mutation ne fait pas partie des sanctions disciplinaires prévues par l'article 36 du décret précité ; que la décision du 30 août 1990 étant ainsi entachée d'illégalité, la Commune de Beaumont-de-Lomagne n'est pas fondée à soutenir que c'est à tort que, par le jugement attaqué, le tribunal administratif de Toulouse en a prononcé l'annulation ».

Les décisions juridictionnelles concernant les mutations d'office ne sont donc pas toujours bien prévisibles. Il faut observer les motifs de la décision administrative et donc les pièces fournies par l'Administration dans le dossier rendu accessible au fonctionnaire. Ces éléments sont importants pour forger la conviction des juges que cette décision n'est pas une sanction, voire une atteinte aux prérogatives syndicales d'un agent public lorsque celui-ci en est investi.

Autrement dit, la qualité de représentant syndical ne modifie pas les règles exposées ci-dessus. Celui-ci devra démontrer devant la juridiction devant laquelle il conteste la mesure de la mutation d'office que celle-ci a été motivée par la volonté de le sanctionner et à raison de son action syndicale. La démonstration devra être précisément étayée puisque la mutation d'office ne modifie pas la situation de carrière de l'intéressé et ses conséquences géographiques pour elle ou lui sont souvent assez minimes.

Cela est différent dans le secteur privé, y compris si celui-ci emploie des fonctionnaires. Par exemple, la Cour de cassation [1] estime qu'aucun changement de ses conditions de travail ne peut être imposé au délégué syndical sans son accord, y compris si celui-ci est un fonctionnaire. La mutation d'office constitue un trouble manifestement illicite aux conditions d'exercice du mandat syndical, « nonobstant la contestation de la régularité de la mutation que celui-ci en sa qualité de fonctionnaire avait engagée devant le juge administratif ».

Dans une affaire récente concernant un enseignant agrégé de mathématiques, le juge des référés[2] va préciser plusieurs points de droit. L'enseignant a été muté d'office d'un lycée situé dans les Hauts-de-Seine, au sein duquel il exerçait ses fonctions depuis 16 ans, dans un lycée sis dans les Yvelines. L'intérêt du service a été justifié par les données d'un rapport de l'inspection générale dont les conclusions invitaient à envisager un changement d'affectation de plusieurs enseignants « pour rétablir un fonctionnement serein de l'établissement ». L'enseignant faisait valoir devant le juge administratif du référé-suspension qu'il y avait urgence à suspendre la mesure laquelle l'empêchait, d'une part, d'exercer son mandat au sein du syndicat départemental des Hauts-de-Seine et, d'autre part, de participer aux prochaines élections professionnelles dans ce même département. Le juge administratif de Versailles, après examen des statuts du syndicat, relève qu'aucune disposition ne prévoit qu'un changement de lieu d'exercice des missions de service public entraîne de plein droit la perte de la qualité d'adhérent, ni la perte du mandat syndical départemental, ni l'impossibilité du maintien de la qualité de co-secrétaire du bureau de ce syndicat, et ce en dépit de la mutation géographique dans le département limitrophe. Le requérant

---

[1] Cass. soc., 5 mars 2008, *Féd. synd. des activités postales et télécommunications,* n° 07-11.123.

[2] TA Versailles, ord., 19 oct. 2022, *Kai Terada*, req. n° 2207434.

devrait continuer à bénéficier d'une autorisation spéciale d'absence selon la réglementation en vigueur. La privation par le syndicat départemental de l'un de ses responsables n'est donc pas établie. Le juge unique précise aussi que l'enseignant n'étant pas le seul co-secrétaire, ni non plus l'une des personnes désignées par le syndicat pour suivre les élections professionnelles de la fonction publique, il n'est pas porté atteinte à son mandat syndical. La mutation d'office n'a donc pas été suspendue sans que l'on sache vraiment si l'intérêt du service tel qu'il est justifié auprès de l'enseignant n'est pas de nature à créer un doute sérieux quant à la légalité de la décision. La rectrice de l'académie de Versailles avance que le nom de l'enseignant « revient régulièrement comme participant activement [...] à la dégradation du climat au sein de la communauté éducative ».

La décision juridictionnelle sur le fond nous en apprendra peut-être davantage, en particulier si ce qui est reproché constitue une mesure de répression de fautes, professionnelle et disciplinaire, ou une mesure de discrimination à raison de l'appartenance syndicale.

Pour le moment, ainsi donc, les décisions juridictionnelles portent sur des affaires réglées dans le cadre du droit antérieur à la loi Dussopt. Celle-ci opère des « transformations » dont on ne mesure pas encore parfaitement leur portée en ce qui concerne la mutation d'office dans l'intérêt du service.

3. La mutation d'office dans l'intérêt du service après la loi Dussopt

La loi du 6 août 2019 de transformation de la fonction publique a satisfait le vœu de bon nombre de membres des hiérarchies administratives consistant à souhaiter diminuer le rôle des CAP dans le contrôle de leurs décisions individuelles concernant les membres de leurs services. À partir du moment où le modèle entrepreneurial est celui des organisations publiques, l'individualisation des rapports hiérarchiques et la subordination personnelle qu'elle implique stimulent les désirs des personnels d'encadrement d'obtenir les coudées plus franches vis-à-vis des agents.

Le gouvernement y a vu aussi une nouvelle satisfaction de l'obsession de la réduction des coûts de fonctionnement. Les délais de traitement sont contractés. Le nombre de mandats de représentants syndicaux réduit. Le statut général dispose désormais que les CAP sont constituées par catégories de corps d'emplois (A, B et C) et non plus par principe par corps d'emplois. Il réduit leur nombre mais aussi leurs fonctions.

Jusque-là, le décret de 1982[1] disposait peu ou prou que les CAP « connaissent des questions d'ordre individuel » intéressant les fonctionnaires. La jurisprudence, comme nous l'avons montré plus avant, a fait de cette consultation une formalité substantielle dont l'absence ou l'insuffisance provoquait l'annulation de la décision de mutation[2]. Cette garantie de la consultation préalable de la CAP avant de décider de la mutation d'office était une garantie collective dans laquelle l'agent concerné n'était ni entendu, ni averti de la date de réunion, ni en mesure de présenter des observations écrites ; au moins juridiquement.

---

[1] D. n° 82-451 du 28 mai 1982, art. 25.

[2] CE, 2 mai 1990, *M. Chabert, prof. d'EPS*, req. n° 37810, *Lebon T.* 839 ; *AJDA* 1990, p. 648, obs. S. Salon.

Revenant sur les modalités de la participation des fonctionnaires fixées depuis les lendemains de la Libération, le décret modifié de 1982 (art. 25) détermine désormais une liste de questions d'ordre individuel qui relèvent des avis consultatifs des CAP. Les mutations n'y figurent pas, dont la mutation d'office dans l'intérêt du service. Or, la consultation préalable de la CAP avait été prévue afin de s'assurer, collectivement et en particulier, que la procédure de mutation d'office n'est pas détournée de son objet pour dissimuler une sanction disciplinaire. Désormais cette garantie a disparu et le changement de poste est plus rapide.

Toujours selon la loi Dussopt de banalisation du droit de la fonction publique, le statut général des fonctionnaires (CGFP, art. L. 413-1) prévoit désormais que l'autorité hiérarchique édicte des lignes directrices de gestion, après avis du comité social d'administration lequel absorbe à la fois les comités techniques et les CHSCT de la loi Le Pors de 1984 (CGFP, art. L. 413-3). En ce qui concerne les mutations à la demande du fonctionnaire ou celles devant être effectuées au terme d'une période réglementaire d'affectation, ces directives doivent respecter les critères de priorité des mutations énumérées par le statut général des fonctionnaires, « sans préjudice du pouvoir d'appréciation de l'autorité compétente en fonction des situations individuelles, des circonstances ou d'un motif d'intérêt général ». Les ministères et administrations ont donc publié leurs lignes directrices quinquennales. Celles du ministère de l'Éducation nationale, comme auparavant les circulaires annuelles organisant le mouvement des enseignants, ont été jugées illégales ; les critères prévus pour prioriser les mutations n'étant pas des critères subsidiaires à ceux prévus par le statut législatif général[1]. Les lignes directrices de gestion n'évoquent pas les mutations d'office dans l'intérêt

[1] CE, 22 mars 2021, req. n° 426811 – CE, 5 juill. 2022, req. n° 448711.

du service sauf à indiquer que la mesure de changement d'affection relève du pouvoir d'appréciation de la hiérarchie « en fonction des circonstances ou d'un motif d'intérêt général ».

La consultation de la CAP compétente a donc été évincée de la procédure de la mutation d'office dans l'intérêt du service. Une garantie « anesthésiante » a cependant été ajoutée par la loi Dussopt. Elle a dû être remaniée.

Les organisations syndicales ont la possibilité de désigner un représentant pour assister un agent dans l'exercice d'un recours administratif contre une décision défavorable concernant sa mutation. Précisément le statut général énonce que les agents de l'État (CGFP, art. L. 216-1), les agents territoriaux (art. L. 216-2) et les agents hospitaliers (L. 216-3) « peuvent choisir un représentant désigné par l'organisation syndicale représentative de leur choix pour les assister dans l'exercice des recours administratifs contre les décisions individuelles qui leur sont défavorables relatives aux mutations, à l'avancement de grade et à la promotion interne. Sur leur demande, les éléments relatifs à leur situation individuelle au regard de la réglementation en vigueur et des lignes directrices de gestion leur sont communiqués ». Ces dispositions comportent plusieurs lacunes, dont les suivantes.

Pour les trois versants de la fonction publique, la codification des titres II, III et IV du statut général des fonctionnaires a choisi de ne pas réunir en un seul article les dispositions des lois Le Pors confirmant qu'il était indispensable de conserver une rédaction des modifications de la législation en prêtant attention aux spécificités du versant de la fonction publique considéré ; ce que la construction du CGFP aurait dû prendre en considération, notamment dans son plan et sa structure générale[1]. Cela dit, l'ordonnance nº 2021-1574 du 24 novembre 2021 a opéré un retour en arrière en ce qui concerne les mutations. Les dispositions du statut général (art. L. 216-2 et L. 216-3) n'évoquent plus les mutations mais seulement les avancements.

La création des lignes directrices comme l'assistance postérieure à la décision d'un représentant syndical a été présentée comme la « contrepartie de la suppression de la consultation préalable obligatoire de la [CAP] sur les questions de mutations, de promotions et d'avancement[2] ». La médiation et la discussion avant la décision de mutation du fonctionnaire contre son gré sont donc abandonnées au bon vouloir du chef de service. Elles sont reportées sur les effets de la décision. Il est donc assez difficile d'y trouver une compensation entre des garanties dans la mesure où jusqu'à présent, dans la pratique, au niveau de l'enquête administrative lorsque celle-ci a été diligentée, ou au niveau du service, peu de responsables prennent brutalement la décision sans rencontrer au préalable l'agent concerné – assez souvent accompagné – afin d'expliciter ou de confirmer les éléments qui ont été mis à la disposition de l'agent dans son dossier et qui ont préparé et justifié la mesure envisagée. Le responsable du service a aussi dû transmettre à la CAP les termes des rapports rédigés sur les dysfonctionnements du service. Il y a dans la suppression de la consultation de la CAP l'idée de limiter le rôle des « instances intermédiaires », au sens propre du terme, afin de réduire le choix à une unique confrontation entre le décideur et le destinataire de la décision. Symboliquement, auprès des autres agents du service, cette mesure, exposée

---

[1] E. Aubin et A. Taillefait, « Le Code général de la Fonction publique, *much ado about nothing* ? » *AJFP* 2022, nº 6, pp. 318-324.

[2] Étude d'impact du projet de loi de transformation de la fonction publique présentée le 27 mars 2019, p. 64.

lors d'un face-à-face, a des effets de discipline des conduites ; par où l'on retrouve des pratiques et des règles en vigueur avant l'avènement de statuts législatifs généraux. Pratiquement, les lignes directrices de gestion l'illustrent, le regard porté sur le service par les agents et leurs représentants est effectué « de plus loin »…

Le 5 août 2022, le Conseil constitutionnel[1] a déclaré non conforme à la Constitution la disposition du statut général des fonctionnaires introduite par la loi *Dussopt* et codifiée au CGFP (art. L. 216-1) selon laquelle il était réservé aux seules organisations syndicales représentatives le soin d'assister un fonctionnaire pour l'exercice d'un recours administratif contre une décision individuelle qui lui est défavorable en matière d'avancement de grade, de promotion interne ou de mutation. Cette disposition est considérée dans son ensemble comme inconstitutionnelle en ce qu'elle méconnaît le « principe d'égalité devant la loi » ; les syndicats non représentatifs peuvent eux aussi désigner des personnes en vue d'une telle assistance.

En définitive, la loi Dussopt est le résultat d'un certain échec des organisations syndicales à maintenir leurs fonctions au sein des administrations et des services ; ce qui n'est pas sans conséquence sur l'intérêt que leur portent les agents publics. Cette réduction des compétences des CAP sur les questions de mouvement des personnels leur ôte ce lien direct qu'elles entretenaient avec les agents en vue de leur apporter une aide, par exemple en corrigeant les erreurs d'appréciation ou des données concernant les agents. Ce rôle était aussi une façon de recruter des adhérents.

La place des organisations syndicales auprès des agents était réduite. Elle l'est davantage aujourd'hui. Elle fait glisser la logique collective de la fonction publique héritée de l'idéologie de la participation vers plus encore de

[1] Cons. const. 5 août 2022, *Synd. nat. de l'enseignement action et démocratie*, n° 2022-1007 QPC, *Dr. adm.* 2023, n° 5, note F. Barviaux.

logique individuelle de parcours. L'allégeance personnelle au chef prend le pas sur la subordination impersonnelle caractéristique jusque-là de la fonction publique française.

Toutefois les réformes nouvelles de la fonction publique comme celle des retraites, la dégradation des conditions d'exercice des missions de service public, les inerties des pouvoirs publics et économiques face à la multicrise contemporaine soulèvent de fortes oppositions et résistances ; or c'est face à l'adversité que les travailleurs se réunissent et se regroupent.

La consécration de la négociation collective en droit de la fonction publique

François-Xavier FORT
Maître de conférences HDR à l'Université de Montpellier (CREAM)

La situation statutaire du fonctionnaire est-elle en voie de délitement ? La question mérite d'être posée à la suite de la publication de l'ordonnance du 17 février 2021 et du décret du 7 juillet 2021. L'édiction d'un statut répondait à une demande forte exprimée dès le début du XXe siècle, les revendications n'étaient pas seulement le fait des fonctionnaires. La doctrine, notamment Duguit, à la suite de Durkheim, plaidait pour un statut, dans la mesure où « l'idée de statut s'accorde avec celle de situation objective[1] » ; la logique statutaire devait mettre un terme à l'arbitraire de l'État. Selon Duguit, le statut n'a de sens qu'à travers l'idée de service public : « l'idée d'un statut de service public se veut progrès de l'État de droit », en ce sens, le statut vise à protéger les fonctionnaires de la seule volonté des gouvernants. Pourquoi, alors que le statut est solidement ancré dans le droit public, le législateur concède-t-il une place aux partenaires sociaux dans la production de la norme ? Effet de mode, mimétisme avec le droit du travail ?

Le droit de la fonction publique depuis 1946 est statutaire. L'État, par le statut, « fixe unilatéralement les dispositions qui concernent le recrutement, la carrière ainsi que les droits et obligations de ses agents[2] ». Les règles définies, tant par

---

[1] E. Pisier et P. Bouretz, *Le paradoxe du fonctionnaire*, Calmann-Lévy, 1988, p. 75.

[2] R. Grégoire, *La fonction publique*, rééd. Dalloz, 2005, p. 84.

le législateur que par le pouvoir réglementaire, peuvent à tout moment être modifiées, le fonctionnaire ne disposant pas d'un droit acquis au maintien de la règle, c'est ainsi que se définit la situation statutaire. Le statut définit des règles communes à l'ensemble des fonctionnaires, le statut semblait constituer la mise en œuvre du principe d'égalité, l'ensemble des agents se trouvaient soumis à la même règle, même si les statuts particuliers déclinaient de manière spécifique le statut à chaque corps ou cadre d'emploi.
Cette logique protectrice, d'origine statutaire, ne doit pas cacher la rigidité et l'uniformité qui caractérisent le droit de la fonction publique. La souplesse et l'adaptation sont des revendications importantes dans notre société afin de libérer les énergies mais surtout pour mobiliser les fonctionnaires, cette mobilisation « passe par le développement de la négociation et des instances de participation [1] ». En 1989, M. Rocard, alors Premier ministre, faisait le constat d'une pratique de la négociation centrée « sur l'évolution des rémunérations ». Trop souvent, elle s'y limite au point d'exclure tout autre sujet d'engagement contractuel. Ce Premier ministre regrettait que « les fonctionnaires ne disposent guère de possibilités de participation directe à la définition de leurs conditions de travail et à l'organisation des activités de leur service ». Outre le renforcement du dialogue social, il préconisait l'ouverture de la négociation « à de nouveaux thèmes » : formation continue, mobilité, conditions et organisation du travail, aménagement du temps de travail… ainsi que la décentralisation de celle-ci « à tous les niveaux ».
La consécration législative de la négociation collective au sein du droit de la fonction publique montre une rupture avec la logique statutaire qui prévalait depuis 1946 (1). La notion d'accords collectifs donne à voir une conception

[1] Circulaire du 23 février 1989 relative au renouveau du service public, JORF, 24 février 1989.

inédite du droit de la fonction publique et interroge par là même la théorie orthodoxe de la classification des actes en droit administratif (2).

1. La rupture avec la logique statutaire

L'ordonnance du 17 février 2021 fait entrer dans le droit de la fonction publique une logique inédite, celle de la négociation collective. Sans mettre fin à la logique statutaire de la fonction publique française, ce texte vise à donner naissance à un droit de la fonction publique intégrant des règles issues de la négociation (A). Le gouvernement, tout en laissant à la « règle professionnelle » un caractère supplétif, attend une conjugaison des deux modes de production de la norme (B).

A. La recherche d'une alternative au statut à travers la négociation

Avant la Deuxième Guerre mondiale, le statut était pourvu de nombreux atouts, notamment celui de protéger l'agent contre les dérives des gouvernants, contre le népotisme ou encore contre les intérêts privés. La consécration du statut s'est conjuguée, dans le droit de la fonction publique, avec la consécration du droit syndical. La vision d'une singularité statutaire n'était pas partagée par tous à l'instar de F. Gazier pour lequel « l'institution des commissions et comités paritaires marque incontestablement un rapprochement entre le droit de la fonction publique et la législation du travail dans le secteur privé[1] » ou encore de J. Rivero qui identifie une « perte d'autonomie du droit de

[1] F. Gazier, Commentaire de la loi n° 46-2294 du 19 octobre 1946 relative au statut général des fonctionnaires, D. 1947, L, p. 182.

la fonction publique avec l'affaiblissement de l'idée hiérarchique au profit de l'idée démocratique[1] ».

1) Les interrogations sur le statut

Le statut a permis de faire reposer le droit de la fonction publique sur des principes de droit écrit ayant un caractère législatif. La loi a, selon les mots de R. Chapus, pris le relais de la jurisprudence comme agent principal d'harmonisation et de coordination des différentes dispositions relatives à la fonction publique[2]. Ce texte a permis indéniablement de déterminer les garanties fondamentales accordées aux fonctionnaires et par là, de soustraire ceux-ci à la seule volonté de l'employeur public. Paré de multiples vertus, le statut est aujourd'hui accusé des maux affectant la fonction publique[3] ; ainsi, il a érigé les fonctionnaires en privilégiés, il a fait du droit de la fonction publique un droit rigide empêchant son adaptabilité à la grande diversité d'exercice des fonctions publiques, il a constitué un frein à la gestion « personnalisée » des agents, il a consacré l'« égalitarisme » à travers l'égalité de traitement et freiné la reconnaissance du mérite de l'agent. La consécration de la négociation collective conduit à une remise en cause de la logique statutaire qui « déifiait » la fonction publique : modèle d'organisation sociale, vitrine d'une gestion des ressources humaines. Cette vision de la fonction publique avait conduit à différencier cette dernière du reste du monde du travail. Les différentes lois qui se sont succédé au cours des deux dernières décennies ont parfois atténué la

---

[1] J. Rivero, Vers la fin du droit de la fonction publique, D., 1947, chron., p. 149-152.

[2] R. Chapus, *Droit administratif général*, T.2, Montchrestien, 5e éd., 1991, p. 69.

[3] M. Pochard, L'idéologie statutaire : les résistances à l'esprit de réforme, in C. Fortier, *Le statut général des fonctionnaires : trente ans, et après ?*, Dalloz, coll. « Thèmes et commentaires », 2014, p. 18 et 19.

singularité du droit de la fonction publique, sans en faire disparaître le caractère statutaire. L'ordonnance de 2021 constitue une entaille sérieuse au statut, néanmoins, les domaines de négociation strictement définis ne sauraient porter sur les garanties essentielles reconnues aux fonctionnaires.

2) La difficile délimitation de la sphère concédée à la négociation collective

Il convient ici de rappeler la compétence exclusive du législateur définie par l'article 34 de la Constitution selon lequel la loi fixe les règles concernant « les garanties fondamentales accordées aux fonctionnaires civils et militaires de l'État ». Le statut est aujourd'hui un texte fondamental en ce qui concerne les garanties des agents, comme le constate F. Melleray à propos du statut de 1983 lequel « comporte un renforcement des garanties offertes aux fonctionnaires[1] ». Le statut de la fonction publique reste, à moins d'une révision constitutionnelle, le socle du droit de la fonction publique, la concurrence possible de la négociation collective est à ce jour une illusion. En revanche, il est tout à fait imaginable que la négociation collective prenne de l'importance dans la mesure où il est arrivé que le législateur aille au-delà des seules garanties fondamentales[2].
À l'issue du compromis de 1946, les employeurs publics avaient développé l'usage de la concertation au sein de la fonction publique. Cette logique de concertation reposait, selon A. Taillefait, sur « une incompatibilité entre la situation légale et réglementaire des fonctionnaires et l'idée

---

[1] F. Melleray, *Droit de la fonction publique*, Economica, 5e éd., 2020, p. 28.
[2] CE, Ass. 28 décembre 2009, *Syndicat national du travail, de l'emploi et de la formation CFDT*, nº 316479 ; AJDA, 2010. 568, note E. Marc.

de négociation dans la définition de leur carrière et du contenu de leur statut[1] ». À la suite de ces négociations, lorsqu'un accord était trouvé, l'employeur public, l'État, reprenait les dispositions de l'accord dans un acte réglementaire ; la convention se traduisait par l'édiction d'un acte unilatéral. Selon une position du Conseil d'État, le protocole d'accord s'analysait « comme un exposé des intentions et des orientations arrêtées par le gouvernement en concertation avec les syndicats signataires ; [...] ce document est dépourvu de valeur juridique et de force contraignante[2] ». Cette situation est à présent ancienne, le dialogue social ouvre la porte à la négociation.

La notion d'accord collectif renvoie à la notion de norme professionnelle, faisant émerger une conception renouvelée de la règle de droit applicable à la relation de travail. Le droit de la négociation collective s'est structuré en référence à une notion que l'on peut rapprocher de l'ordre public qui avait été formulé par le Conseil d'État dans un avis célèbre[3]. L'article L. 2251-1 n'exprime plus toutefois « la plénitude des rapports entre les dispositions légales et les stipulations conventionnelles même s'il est toujours d'actualité[4] ». La possibilité d'écarter conventionnellement certaines dispositions légales en prévoyant une norme différente qui peut être défavorable aux salariés fait naître un concept, selon P.-H. Antonmattei, d'« ordre public dérogeable » altérant le sens classique de l'ordre public. La chose est différente en droit de la fonction publique puisque l'accord aura une normativité limitée. Il est possible d'évoquer un

---

[1] A. Taillefait, La situation légale et réglementaire des fonctionnaires prend l'eau !, *AJDA*, 2021. 1026.

[2] CE, 1er février 1999, *Association syndicale des contractuels du ministère de l'Industrie*, req. nº 197516 ; RFDA, 1999. 221, note Moniolle.

[3] CE, avis 22 mars 1973 nº 310108, *Droit social*, 1973. 514.

[4] P.-H. Antonmattei, Droit du travail, *LGDJ*, 2022, 2e éd., p. 1004.

contexte général tendant vers un droit de la relation de travail négocié, de nombreux textes supranationaux consacrent la négociation collective et constituent un encouragement à sa consécration à l'instar de la convention de l'OIT. Toutefois, une assimilation avec le droit du travail doit être évitée, le législateur, ici, n'a pas souhaité en faire une source essentielle, il semble être assigné à l'accord collectif une fonction supplétive à l'édifice statutaire : statut général codifié, statut particulier ensuite. Toutefois, le choix des domaines de « conventionnalisation » n'est en rien anodin, à l'instar du temps de travail, des conditions et de l'organisation du travail à travers la sécurité ou la santé au travail ou encore l'égalité professionnelle entre les hommes et les femmes. Si ces domaines ne constituent en rien des garanties fondamentales, leur importance est stratégique dans le dialogue social, ils sont des enjeux fondamentaux dans les relations de travail mais, au-delà, les thèmes répertoriés dépassent le seul enjeu de la relation de travail[1].

B. Faire naître une culture de la participation

La définition d'un cadre juridique pour asseoir la négociation collective constituait un élément déterminant à son éclosion. Cette étape consacrée, le plus difficile reste à construire pour les partenaires sociaux, dans la mesure où le dialogue entre les syndicats de fonctionnaires et les pouvoirs publics semble au point mort. Si une logique de « co-gestion » avait pu voir le jour à la fin du XXe siècle, la situation semble se caractériser depuis plus d'une décennie par un blocage du dialogue social, sinon un affrontement.

---

[1] G. Loiseau, Le nouveau droit public de la négociation collective, *Bulletin Joly Travail*, avril 2021, n° 1159, p. 6.

1) La construction d'un contexte juridique favorable

Sans faire l'exégèse du droit de la négociation collective, il convient de cerner la source de cette pratique nouvelle pour le droit de la fonction publique. Le Préambule de la Constitution de 1946 dispose que « tout travailleur participe, par l'intermédiaire de ses délégués à la détermination collective des conditions de travail ainsi qu'à la gestion des entreprises ». Cette disposition s'est traduite dans le droit de la fonction publique par la création d'organes consultatifs ; ainsi que l'affirmait R. Chapus, le rôle de ces instances était d'importance, la « tendance étant désormais de préférer le dialogue au commandement et la décision discutée à la décision prise sans préalable[1] ». La participation conçue depuis le statut de 1946 avait permis un tempérament, sinon un assouplissement de la logique napoléonienne de la fonction publique. L'article 9 du statut du 13 juillet 1983, dans sa rédaction initiale, prévoyait ainsi que « les fonctionnaires participent par l'intermédiaire de leurs délégués siégeant dans des organismes consultatifs, à l'organisation et au fonctionnement des services publics, à l'élaboration des règles statutaires et à l'examen des décisions individuelles relatives à leur carrière ». Une telle déclinaison ne pouvait donner son plein effet au principe de participation.

Pourtant, l'affirmation constitutionnelle avait été renforcée par la jurisprudence à de multiples reprises[2] ; le Conseil constitutionnel considère que le principe de participation s'applique aux fonctionnaires et aux autres agents publics en signalant qu'il revient au législateur de déterminer, dans

---

[1] R. Chapus, *op. cit.*, p. 93.

[2] CC, 20 juillet 1977, n° 77-83 DC, *Loi modifiant l'article 4 de la loi de finances rectificatives pour 1961* (obligation de service des fonctionnaires).

le respect du principe énoncé au huitième alinéa du Préambule, les conditions de garanties de sa mise en œuvre. Il convient d'ajouter l'existence de la Convention n° 151 de l'Organisation internationale du travail portant sur les relations de travail dans la fonction publique. Ce texte consacre le droit des agents publics à s'exprimer au travers d'organisations syndicales et le droit de celles-ci à négocier les conditions d'emploi avec les employeurs publics. Le manuel sur la négociation collective dans le secteur public édité par l'OIT procède au constat suivant : « Il est de nos jours quasiment avéré que la tendance de fond entraîne les relations de travail dans les secteurs public et parapublic vers un système de négociation collective s'approchant de celui utilisé dans le secteur privé[1] ».

Si le droit de l'Union n'est pas explicite quant à la consécration du droit à la négociation collective, le climat français inclinait le législateur à développer cette pratique. Au-delà du mimétisme avec le droit du travail, plusieurs rapports appelaient de leurs vœux le développement d'une telle pratique[2]. Les accords de Bercy, conclus par les partenaires sociaux le 2 juin 2008, avaient pour objectif de renforcer le dialogue social au sein de la fonction publique ; parmi les pistes identifiées pour ce renforcement était prévue la généralisation du principe de négociation à l'échelon national et local, sur tous les sujets concernant la vie professionnelle et sociale de l'agent. Si ces accords ont donné lieu à une ratification par la loi n° 2010-751 du 5 juillet 2010, il est regrettable que les accords aient été privés de portée juridique par le législateur.

---

[1] Édition 2012, cité par M.-O. Esch, C. Vigouroux, J.-L. Rouquette, Renforcer la négociation collective dans la fonction publique, p. 12.

[2] J. Fournier, *Le dialogue social dans la fonction publique*, La Documentation française, 2002 ; Conseil d'État, Perspectives pour la fonction publique, Rapport public 2003, La Documentation française, 2003.

La mission Esch-Vigouroux-Rouquette plaidait pour que les accords collectifs créent « des obligations réciproques, à la charge non seulement des employeurs mais également, dans certains cas, des organisations syndicales signataires[1] ».

2) Le changement de paradigme culturel

L'écriture normative n'est pas suffisante, à elle seule, pour modifier les usages des partenaires sociaux et leurs postures. Elle doit s'accompagner de la création d'un environnement nouveau, favorable à la négociation. Les experts du dialogue social ont identifié des bonnes pratiques qui sont des facteurs favorables au développement et au renforcement de la négociation.
Dans un premier temps, il est regrettable que l'ordonnance n'ait pas défini une obligation périodique de négociation comme cela existe dans le droit du travail. Ainsi, les négociateurs de branche sont tenus par les articles L. 2242-1 et s. de négocier sur certains thèmes (salaires, égalité professionnelle, conditions de travail, GPEC…) au moins une fois tous les quatre ans et tous les cinq ans sur d'autres thèmes. La loi n° 82-957 du 13 novembre 1982 a instauré « une obligation annuelle de négocier qui a permis de dynamiser la négociation d'entreprise[2] », cette obligation a été renforcée notamment par les différents dispositifs depuis 2015. Dans ce sillage, la mission Esch-Vigouroux-Rouquette avait proposé d'« introduire pour certains sujets une obligation de négocier qui complèterait les cas de négociation d'ores et déjà obligatoires » et de « permettre d'adapter ce type d'obligation par le moyen d'accords collectifs ». Les acteurs s'accordent sur le caractère positif

---

[1] M.-O. Esch, C. Vigouroux, J.-L. Rouquette, Renforcer la négociation collective dans la fonction publique, p. 21.
[2] P.-H. Antonmattei, *op. cit.*, p. 901.

de cette obligation qui existe dans le monde de l'entreprise et qui génère tant une habitude qu'une culture de la négociation entre partenaires sociaux. La mission avait également eu une proposition audacieuse qui consistait à « accompagner la mise en place de cas de négociation obligatoire par une suspension légale ou volontaire temporaire du pouvoir de décision unilatérale de l'employeur, révocable si des considérations d'intérêt général le justifient ». L'objectif de cette proposition était de favoriser une négociation apaisée, sans pression ni menace de la part de l'employeur public. Il avait été également proposé l'instauration d'un droit d'initiative syndical afin de provoquer l'ouverture d'une négociation dans l'hypothèse d'une carence de l'employeur public. Ces mécanismes qui auraient pu donner son plein effet à la négociation collective en obligeant les partenaires sociaux à discuter n'ont pas été retenus. De la même manière, le texte ne prévoit pas de clause de révision pour les accords collectifs conclus contrairement à l'article L. 2222-5 du Code du travail ; il sera néanmoins possible aux partenaires sociaux d'insérer dans leur accord une telle clause.
Ensuite, le climat entre les partenaires sociaux doit être propice à la négociation si l'on voit dans la négociation un autre champ que la seule amélioration du statut. Si, contrairement au droit du travail, il ne semble pas que l'objectif poursuivi soit le bouleversement du corpus normatif applicable à la relation de travail, il n'en demeure pas moins que pour qu'une négociation collective soit fructueuse, une relation nouvelle doit s'établir. Le Code du travail fait référence dans son article L. 2241-3 à une obligation de loyauté entre les partenaires sociaux. Si la loyauté a pu être consacrée en droit de la fonction publique, elle n'a pas la même teneur. Les partenaires sociaux doivent entrer dans la négociation avec le dessein d'aboutir à un accord, à l'instar du droit du travail qui consacre le fait

qu'une négociation ne peut être valablement conclusive que si elle est conduite dans la confiance et dans une identification partagée des enjeux. La loyauté doit ainsi reposer sur un accès égal et partagé à l'information par les partenaires sociaux. La loi de transformation de la fonction publique a prévu l'élaboration de deux documents dont le caractère pourra se révéler déterminant pour la négociation collective : le rapport social unique et les lignes directrices de gestion [1]. Le rapport social unique doit être établi annuellement et se fonde sur dix thématiques telles que les parcours professionnels, les rémunérations, la GPEEC et sur sa base sont élaborées les lignes directrices de gestion. Il s'agit d'un travail d'analyse et de suivi des données relatives aux ressources humaines qui doit permettre le recueil d'indicateurs fiables visant à mesurer les évolutions en la matière. Lorsqu'un tel travail est réalisé rigoureusement et objectivement, les partenaires sociaux disposent d'une information sincère pour une négociation fructueuse.

L'accord de méthode constitue également un vecteur de réussite du dialogue social. Dans ce processus de négociation, il appartient aux partenaires sociaux de négocier et conclure un accord de méthode qui a vocation à délimiter le cadre de la négociation ; ainsi, un accord de méthode a vu le jour pour négocier le télétravail dans la fonction publique[2]. L'objectif de cet accord est d'organiser dans le détail le processus de la négociation collective portant sur un ou plusieurs sujets préalablement définis. Ainsi, avant d'engager une négociation sur un thème déterminé, les partenaires sociaux négocient et doivent

---

[1] C. Testard, Les lignes directrices de gestion : une souplesse éprouvée par le droit de la fonction publique, *AJDA*, 2021. 1020.

[2] M.-C. de Montecler, Un accord de méthode pour négocier le télétravail, *AJDA*, 2021. 1001. Un accord de méthode a également été conclu le 4 avril 2022 sur la prévoyance des agents de la fonction publique d'État.

s'accorder sur les modalités de la négociation à venir. Il est judicieux que cet accord indique les thématiques en débat, les participants à la négociation et les éventuels experts ou médiateurs, la méthode de la négociation notamment avec la constitution de groupes de travail et le calendrier de la négociation ; en outre, l'accord de méthode doit déterminer les moyens alloués aux organisations syndicales pour la négociation et les informations qui leur sont fournies, les issues possibles en cas de blocage (arbitrage ou médiation) ainsi que les modalités de suivi de l'accord qui devra intervenir. Cette convention constitue le cadre de la négociation ; celle-ci doit ainsi être apaisée et nécessairement constructive.

Le processus doit être encadré d'un point de vue temporel afin d'avoir des chances de réussite ; il est important que les partenaires sociaux, préalablement à la négociation, définissent un agenda social : outre les thématiques en débat, les parties s'accordent sur un calendrier général. L'agenda social porte en premier lieu sur les sujets de la négociation mais peut également identifier des thèmes de concertation et un programme de travail au sein des instances du dialogue social. Un tel programme évite à l'employeur public d'avoir la maîtrise totale de la négociation. La définition de ces accords et leur respect conditionnent la qualité de la négociation, le préalable est une circulation optimale de l'information entre les partenaires sociaux et notamment la définition d'accords à des niveaux supérieurs.

La négociation collective définie par les textes est multi-niveaux : la négociation peut s'établir à l'échelle de la collectivité publique ou au niveau déconcentré mais aussi pour un versant de la fonction publique ; il peut y avoir des négociations communes aux trois fonctions publiques. Cette négociation généralisée peut mettre à mal l'unité statutaire qui caractérisait le droit de la fonction publique.

Ces négociations débouchant sur un accord vont nécessairement engendrer « des différences de contenu de condition des fonctionnaires [1] ». Il sera ainsi possible d'engager des négociations au niveau local afin de décliner un accord national ; il sera alors possible de voir éclore des situations locales pour les fonctionnaires dès lors qu'elles seront dans le respect de la hiérarchie des normes, selon la logique d'un principe de faveur tel que défini par l'article L. 2251-1 du Code du travail. Il y a fort à parier que les employeurs publics locaux risquent de s'engager dans cette voie comme certains avaient pu le faire lors des premières heures de la fonction publique territoriale.

2. La définition juridique d'accords collectifs

L'irruption de la négociation collective dans le droit de la fonction publique ne saurait se limiter à un changement culturel. C'est une rupture profonde qui s'opère dans le droit public dans la mesure où les partenaires sociaux, à savoir l'employeur public et les organisations syndicales vont pouvoir définir, par un accord, une règle générale et impersonnelle. La notion d'accord collectif est inédite dans le droit public et questionne la théorie des actes administratifs. Le législateur a considéré les partenaires sociaux suffisamment matures pour élaborer des actes pourvus d'une valeur juridique définissant une situation juridique objective (A) ; l'innovation est manifeste et dépasse le seul champ du droit de la fonction publique et conduit à définir la notion de clauses réglementaires s'insérant dans les accords collectifs (B).

[1] A. Taillefait, La situation légale et réglementaire des fonctionnaires prend l'eau !, *AJDA*, 2021. 1026.

A. La valeur juridique intrinsèque des accords collectifs

La concertation est, depuis le statut de 1946, un usage dans la fonction publique ; le législateur en 2010, réformant le dialogue social, s'est arrêté au milieu du gué. En effet, la loi du 5 juillet 2010 reconnaissait « qualité aux syndicats pour participer à des négociations mais nullement pour conclure des accords revêtus d'une force obligatoire [1] ». Les commentateurs de la loi constataient que « le législateur a réussi un exploit : définir les conditions de validité d'une norme qui reste à ce jour dépourvue… de portée normative[2] ». Il était possible d'affirmer que le protocole d'accord conclu liait politiquement le pouvoir exécutif à défaut d'être une obligation juridique.

1) La production d'effets de droit

L'ordonnance du 17 février 2021 prévoit que les accords collectifs conclus entre les employeurs publics et les organisations syndicales représentatives de fonctionnaires pourront produire des effets de droit. Dans son avis sur le projet de loi de transformation de la fonction publique, le Conseil d'État avait alors considéré qu'il « était susceptible de bouleverser l'état du droit positif applicable à la fonction publique[3] ». La réécriture de l'article 8 bis du statut marque « la fin d'une spécificité importante du droit de la fonction publique, les accords collectifs étant jusqu'alors

---

[1] F. Melleray, *Droit de la fonction publique*, p. 235.

[2] E. Marc et Y. Struillou, La loi du 5 juillet 2010 relative à la rénovation du dialogue social dans la fonction publique : une mutation inachevée du système de relations professionnelles, *Droit administratif*, 2010, Étude 20.

[3] CE, Avis, 21 mars 2019, avis sur le projet de loi de transformation de la fonction publique, nº 397088.

juridiquement assimilés à de simples déclarations d'intentions[1] ».

C'est ainsi que le V de l'article 8 bis (CGFP, art. L. 222-1) énonce que les accords conclus « peuvent comporter [...] des dispositions édictant des mesures réglementaires, ainsi que des clauses par lesquelles l'autorité administrative s'engage à entreprendre des actions déterminées n'impliquant pas l'édiction de mesures réglementaires ». Il doit d'emblée être précisé que les dispositions édictant des mesures réglementaires sont supposées avoir la même valeur juridique que les actes unilatéraux pris par les autorités administratives signataires dans l'exercice de leur pouvoir réglementaire, en tant que chef de service[2]. Les accords de méthode désignés par l'ordonnance sous le terme d'accords-cadres sont également juridiquement opposables. Les accords collectifs, qu'ils définissent des mesures réglementaires précises ou qu'ils ne constituent que des accords de méthode, ont vocation à constituer, au regard de la volonté des parties (les partenaires sociaux) des contrats administratifs ; ils font naître des droits et des obligations juridiques dépassant les seuls co-contractants et remettant en cause l'effet relatif des conventions qui est, quelque peu altéré, en droit des contrats administratifs[3]. Ainsi, toute personne y ayant intérêt pourra contester devant le juge une disposition de l'accord collectif.

Le gouvernement a souhaité que ces accords aient un champ d'application variable, il peut être évoqué, la notion de niveau « pertinent » de négociation. Il sera possible de conclure des accords collectifs pour l'ensemble des agents des trois fonctions publiques en visant dans le champ

---

[1] F. Roussel, La contractualisation des accords collectifs dans la fonction publique, Une avancée historique mais prudente, *AJDA*, 2021. 1013.

[2] CE, Sect., 7 février 1936, *Jamart*, Rec., p. 172.

[3] M. Ubaud-Bergeron, *Droit des contrats administratifs*, LexisNexis, 4e éd., 2022, p. 350 et s.

d'application les agents contractuels, dès lors qu'ils sont soumis au droit public. En revanche, ne sont pas visés par ces accords collectifs les magistrats de l'ordre judiciaire et les militaires. Pour la fonction publique d'État, ils peuvent être conclus au niveau national, mais également aux différents niveaux de déconcentration, dès lors que cet échelon administratif dispose d'un organisme consultatif (comité social d'administration), les organisations syndicales représentatives sont celles qui disposent d'au moins un siège au sein de cette instance. Il est loisible à l'État d'engager des négociations à un niveau infra, s'il ne dispose pas d'un organe consultatif (une sous-préfecture), les organisations syndicales sont celles de l'échelon administratif le plus proche du périmètre des agents publics concernés (comité social de la préfecture). Pour la fonction publique territoriale, des négociations pourront avoir lieu au niveau global mais également au niveau de chaque employeur public local. Lorsque la commune, l'EPCI ou le syndicat ne dispose pas d'un comité social territorial, le centre départemental de gestion est habilité à négocier et conclure l'accord avec les organisations syndicales à son niveau, toutefois, la mise en œuvre de l'accord est conditionnée par son approbation par la collectivité pour le compte de laquelle l'accord a été négocié.

2) L'articulation normative

La première exigence est relative au respect de la légalité selon une appréhension très large, comme l'avait évoqué le Conseil d'État dans son avis de 1973 en mettant en avant une restriction liée à l'ordre public [1]. Outre les règles constitutionnelles conférant une compétence au législateur, les accords collectifs doivent être respectueux du droit

[1] CE, Avis, 22 mars 1973 n° 310108 ; *Droit social* 1973. 514 ; *Droit ouvrier* 1973. 190.

positif et de l'ordre public. Ainsi, un accord collectif ne peut définir des règles relevant du domaine de la loi, notamment la définition des règles concernant les garanties fondamentales des fonctionnaires. Peut-on envisager une disposition similaire à celle de l'article L. 2251-1 du Code du travail permettant de définir des stipulations plus favorables aux agents que les dispositions en vigueur ? Cette logique de faveur est envisageable en droit de la fonction publique et l'absence de contrôle de légalité, pour les accords conclus dans la fonction publique territoriale, relève peut-être d'un excès de confiance comme a pu le montrer la négociation récente relative au temps de travail[1]. Il est à présent loisible au législateur de renvoyer les modalités d'application d'une loi à un accord collectif, à la condition que ce renvoi porte sur un objet limité et soit suffisamment encadré ; il semble possible ici de faire reposer le raisonnement sur la lettre même de l'alinéa 8 du Préambule de la Constitution de 1946 qui nomme clairement la détermination collective des conditions de travail. C'est ainsi que le législateur a renvoyé à un accord le soin de déterminer les modalités d'exercice du droit de grève dans certains services locaux ; cette disposition prévue à l'article 56 de la loi de transformation de la fonction publique a été validée par le Conseil constitutionnel[2]. Le législateur avait toutefois strictement encadré ce recours à l'accord collectif, en précisant que l'accord devait identifier les fonctions et le nombre d'agents indispensables ainsi que les conditions d'organisation du travail, et fixé une date butoir.

---

[1] TA Paris, 25 octobre 2021 n° 2121032/2 ; JCP A, 2021, 662 ; CC 29 juillet 2022, Commune de Bonneuil-sur-Marne, n° 2022-1006 QPC, DA, 2022, comm. 49, L. Clouzot.

[2] CC, 1er août 2019, Loi de transformation de la fonction publique, n° 2019-790 DC, *AJDA*, 2019. 790 DC.

Le respect du principe de légalité par les mesures réglementaires consacrées par l'accord impose la prise en compte des principes généraux du droit et notamment le principe d'égalité entre les agents d'un même corps ou cadre d'emploi[1].
La hiérarchie des normes doit s'accorder ici avec la hiérarchie des organes ; en ce sens, les accords ne pourront déroger aux actes réglementaires d'une autorité administrative hiérarchiquement supérieure à celle concluant un accord[2]. En effet, l'accord collectif conclu ne saurait avoir une valeur juridique supérieure à celle d'un acte administratif édicté par l'autorité signataire. Il semble néanmoins loisible à une autorité réglementaire de définir les conditions dans lesquelles un accord collectif conclu à un niveau inférieur pourra déroger à un acte réglementaire qu'elle aurait émis. Il conviendra ici que les autorités administratives soient extrêmement vigilantes afin de ne pas remettre en cause les répartitions des compétences et, en outre, de ne pas créer une subdélégation illégale, en cas de dérogation trop large.
Les clauses réglementaires doivent impérativement respecter les accords collectifs conclus à un niveau supérieur. Il semble qu'une différence puisse être ici faite avec le droit du travail, notamment l'articulation entre accord de branche et accord d'entreprise telle qu'elle résulte de l'article L. 2253-3 du Code du travail. En droit de la fonction publique, le niveau subordonné doit respecter le niveau supérieur, ainsi un accord conclu sous l'égide du préfet pour les services de l'État dans le département devra être conforme à l'accord ministériel conclu pour les services déconcentrés de l'État. Les accords inférieurs ne

[1] CE, 6 novembre 2019, *Fédération nationale de l'équipement et de l'environnement CGT*, req. n° 424391 ; *AJDA*, 2020. 181, concl. Roussel.
[2] F. Roussel, *op. cit.*, p. 1017.

devront être conclus que pour préciser, voire aménager (au regard des conditions spécifiques) l'accord supérieur. La seule contradiction qui semble pouvoir exister devra se fonder uniquement sur le principe de faveur.

B. L'opacité persistante du régime des accords collectifs

L'écriture législative, à présent codifiée, ne permet pas de lever l'ensemble des doutes que suscite l'introduction de la négociation collective dans le droit de la fonction publique. La logique statutaire dominait et structurait le droit de la fonction publique depuis 1946. Permettre aux partenaires sociaux d'introduire des clauses réglementaires dans l'accord collectif est la première difficulté à surmonter, elle s'accompagnera, si le processus se développe, de nombreux défis juridiques à relever.

1) L'enjeu des clauses réglementaires

La notion de clauses réglementaires renvoie au droit des contrats administratifs, il s'agit de clauses d'un contrat administratif ayant « un effet réglementaire sur les tiers[1] ». Si le débat doctrinal a été nourri à leur égard, la jurisprudence, à présent, considère que la spécificité de ce type de stipulations dans un contrat tient avant tout à son régime contentieux à l'égard des tiers et non à ses effets entre les parties. Il s'agit d'authentiques stipulations, négociées et conclues entre les parties, ayant un effet réglementaire vis-à-vis des tiers ; ainsi, elles s'imposent à ces derniers comme un règlement selon la jurisprudence

[1] M. Ubaud-Bergeron, *Droit des contrats administratifs*, LexisNexis, 4e éd., 2022, p. 21.

Syndicat des propriétaires et contribuables du quartier Croix-de-Seguey-Tivoli[1].

Les clauses réglementaires des accords collectifs ne pourront en aucun cas porter sur des objets dont le législateur a indiqué qu'elles relevaient d'un décret en CE, en particulier les règles statutaires, ni les modifier ou y déroger. Le recours à la négociation collective ne peut avoir pour objet d'éviter de procéder à la consultation préalable d'un organe, en premier lieu le Conseil d'État. La négociation collective ne saurait éviter également les procédures d'approbation existantes. C'est ainsi qu'un accord collectif portant sur le déroulement des carrières, l'intéressement collectif ou les modalités de mise en œuvre de politiques indemnitaires dans la fonction publique de l'État doit recueillir, préalablement à sa conclusion l'approbation des ministres du budget et de la fonction publique (CGFP, art. L. 224-4). La conclusion d'un tel accord collectif se trouve soumise à une procédure formelle très lourde et longue pouvant constituer un frein à la volonté des partenaires sociaux.

2) La variété des incertitudes

La consécration de la négociation collective dans le droit de la fonction publique a fait émerger de nombreuses interrogations qu'il conviendra de lever. La question première est relative à l'articulation des accords qui pourront être conclus. De multiples questions sont à ce jour sans réponse telles que : dans le silence de l'accord conclu à un niveau supérieur, quelle est la latitude de l'accord conclu à un niveau inférieur en termes de complément ou de dérogation ? Un accord conclu à un niveau supérieur peut-il prévoir des dérogations pouvant être contenues par

---

[1] CE, 21 décembre 1906, *Syndicat des propriétaires et contribuables du quartier Croix-de-Seguey-Tivoli*, Rec., p. 962, concl. Romieu.

un accord conclu au niveau inférieur ? Il serait possible, pour reprendre la jurisprudence administrative relative aux actes administratifs unilatéraux, d'affirmer que l'accord « inférieur » peut déroger à l'accord « supérieur » tant que ce dernier n'y fait pas obstacle. La deuxième interrogation est relative à l'interprétation des stipulations ; il serait souhaitable que les partenaires sociaux, lorsqu'ils concluent une clause réglementaire, l'affirment clairement, l'intention des « parties » sera alors clairement identifiable.

Le contentieux relatif aux accords collectifs a vocation à prospérer si la pratique se développe. Les clauses réglementaires pourront, à l'instar d'une jurisprudence constante[1], faire l'objet d'un recours pour excès de pouvoir. Selon le niveau de conclusion de l'accord, la compétence échoira soit au tribunal administratif soit au Conseil d'État. La juridiction administrative devra définir quels sont les requérants disposant d'un intérêt à agir à l'égard de ces contrats ainsi que les conditions dans lesquelles les recours pourront être formés. En outre se posera la question des actes administratifs pris sur le fondement des clauses réglementaires ou en méconnaissance de celles-ci. Sera-t-il possible de former un RPJ à l'encontre de la carence d'une autorité administrative s'étant engagée par un accord collectif à mettre en place une action ? Peu d'informations ont été données concernant la publication, le suivi, la modification, la suspension ou la dénonciation des accords collectifs.

Le comité de suivi sera composé de l'employeur public et seulement des organisations syndicales représentatives signataires de l'accord, ce qui exclut les syndicats non signataires. La négociation des modifications de l'accord pourra-t-elle s'opérer dans ce cadre qui exclut les organisations syndicales non signataires, sachant que les

---

[1] CE, Ass., 10 juillet 1996 *Cayzeele* ; *AJDA*, 1996. 732, chron. Chauvaux et Girardot.

avenants aux accords collectifs ne semblent pas soumis à l'obligation d'être présentés aux organes consultatifs ?
La modification, la suspension ainsi que la dénonciation des clauses réglementaires sont source d'interrogations lorsque l'initiative résulte de l'action de l'employeur public ; deux principes juridiques s'affronteront, d'une part le principe de loyauté inhérent à la négociation collective et, d'autre part, la mutabilité de l'action de l'administration. L'ordonnance du 17 février 2021 a prévu la faculté pour l'employeur public de suspendre un accord collectif pour une durée définie en cas de situation exceptionnelle. La question se pose de la faculté pour l'employeur public de modifier une clause réglementaire par un acte administratif unilatéral. Doit-il, au préalable, procéder à la dénonciation de l'accord ?
Afin de garantir une certaine sécurité juridique, il est prévu qu'en cas de dénonciation les clauses réglementaires restent en vigueur jusqu'à l'édiction d'un acte réglementaire ou la conclusion d'un nouvel accord sur le sujet. La publicité de l'accord de sa dénonciation ou de sa suspension doit être améliorée, afin d'indiquer, notamment, le sort des clauses réglementaires qui ont un impact sur les agents et qui peuvent avoir des incidences sur le fonctionnement du service et indirectement sur les usagers.

La loyauté est le fondement de la négociation collective. Au sein du secteur public ce principe devra revêtir une importance capitale tant au niveau de la négociation de l'accord qu'au niveau de sa mise en œuvre. Il est sûrement regrettable que l'ordonnance n'ait pas défini des mécanismes de sécurité juridique forts permettant une sécurisation plus grande dans la mise en œuvre de l'accord. L'ordonnance n'a pas défini d'obligation relative à une négociation périodique ; le risque est celui d'une véritable fragmentation du droit, certains employeurs publics vont tenter de développer cette dynamique alors que d'autres vont s'arc-bouter sur le statut devenu code. L'écueil auquel peut conduire une telle situation est la disparition du principe moribond de parité entre les fonctions publiques ainsi que la dilution sinon la déliquescence du principe d'égalité qui structurait jusqu'alors le droit de la fonction publique. Il convient d'avoir confiance dans les partenaires sociaux afin de faire de la négociation un vecteur d'amélioration du dialogue social mais au-delà de la situation des agents et indirectement du fonctionnement du service public.

Les modalités de la négociation collective en droit de la fonction publique

Carole MONIOLLE
Maîtresse de conférences HDR à l'Université Paris Nanterre

La fonction publique dispose depuis 2021 d'un corpus juridique encadrant la négociation collective au sein de la fonction publique et précisant la portée juridique des accords collectifs[1]. Cette réforme, initiée en 2019[2], a été mise en place par voie d'ordonnance en 2021[3]. Elle a été précédée d'un rapport en avril 2020 qui a fait un certain nombre de propositions issues de la mission Esch-Vigouroux-Rouquette sur la négociation collective dans la fonction publique[4]. La doctrine s'est intéressée de manière diverse aux accords collectifs.

La plupart des commentaires sont intervenus au lendemain de la loi de transformation de la fonction publique, c'est-à-dire sans l'ensemble des composantes du régime[5]. Quelques

---

[1] CGFP, art. L. 221-1 à L. 227-4 – D. n° 2021-904, 7 juill. 2021 relatif aux modalités de la négociation et de la conclusion des accords collectifs dans la fonction publique.

[2] L. 2019-828 du 6 août 2019 de transformation de la fonction publique.

[3] Ord. n° 2021-174, 17 fév. 2021 relative à la négociation et aux accords collectifs dans la fonction publique.

[4] M.-O. Esch, C. Vigouroux, J.-L. Rouquette, Renforcer la négociation collective dans la fonction publique, avril 2020.

[5] M. Briere et O. Magnaval, Le dialogue social redessiné par la loi de transformation de la fonction publique, *JCPA* 2019, n° 2273 ; C. Chauvet, Le dialogue social dans la loi du 6 août 2019, *AJDA* 2019, p. 2343 ; C. Moniolle, Les accords collectifs dans la fonction publique, Informations administratives et juridiques, juin 2020, p. 2 ; F. Roussel, La contractualisation des accords collectifs dans la fonction publique, *AJDA* 2021, p. 1013.

travaux ont porté sur le régime issu de l'ordonnance n° 2021-174 du 17 février 2021 relative à la négociation et aux accords collectifs dans la fonction publique[1].

L'objet de cette étude porte sur les modalités de la négociation collective. Il s'agit de s'intéresser à un corpus assez jeune. Un grand nombre de dispositions portent sur les types d'accords[2], le champ de la négociation[3], la représentativité des organisations syndicales[4], la validité des accords[5], les relations entre les accords[6]. Les éléments relatifs aux modalités mêmes de la négociation sont en définitive assez peu nombreux. Le plus emblématique est l'initiative syndicale[7]. Les dispositions législatives indiquent l'entrée en vigueur de l'accord, les règles de transmission, la constitution d'un comité de suivi de l'accord, les conditions de modification, de suspension et de dénonciation des accords[8]. Elles sont complétées par des dispositions réglementaires[9].

L'analyse retenue écarte une approche comparative avec le droit du travail qui a intégré les logiques conventionnelles

---

[1] F.-X. Fort, Négociation collective dans la fonction publique – Année 0, DS 2021, p. 649 – E. Marc, L'ordonnance du 17 février 2021 : extension substantielle et maîtrisée de la négociation collective, *AJFP* 2021, p. 133 – A. Taillefait, La situation légale et réglementaire des fonctionnaires prend l'eau ! À propos de l'ordonnance relative à la négociation et aux accords collectifs dans la fonction publique, *AJDA* 2021, p. 1026.

[2] CGFP, art. L. 221-1 à 4 ; anc. L. 83-634, 13 juill. 1983, art. 8 bis.

[3] Anc. L.83-634, 13 juill. 1983, art. 8 bis ; 8 ter ; 8 sexies.

[4] CGFP, art. L. 221-3.

[5] CGFP, art. L. 221-1 ; L. 224-1 à 4 ; anc. L. 83-634, 13 juill. 1983, art. 8 quater.

[6] CGFP, art. L. 222-5- ; anc. L. 83-634, 13 juill. 1983, art. 8 septies.

[7] CGFP, art. L. 225-1 ; anc. L. 83-634, 13 juill. 1983, art. 8 quinquies.

[8] CGFP, art. L. 226-1 ; L. 227-1 à 4 ; anc. L. 83-634, 13 juill. 1983, art. 8 octies.

[9] D. n° 2021-904, 7 juill. 2021.

depuis fort longtemps et selon des formes variées[1]. En effet, il nous semble prématuré de s'engager dans cette voie tant du fait des différences culturelles et juridiques des deux droits sur la place des accords dans le corpus juridique que de la complexité du cadre conventionnel en droit du travail qui intègre plusieurs niveaux.

Notre propos s'organise autour de trois questionnements qui intéressent l'obligation de négocier, la facilitation des accords et la vie des accords. Le premier concerne le cadre de la négociation dont le dispositif nous semble peu contraignant pour les employeurs (I). Le deuxième questionnement cherche à comprendre si le corpus juridique facilite la conclusion d'accords. Il s'agit de s'intéresser à la posture des acteurs et au rôle joué par les accords, notamment les accords de méthode (II). Le dernier questionnement porte sur la vie des accords. L'analyse entend saisir dans quelle mesure ces accords peuvent être modifiés ou dénoncés (III).

1. Une négociation en dehors des instances et largement dans les mains de l'employeur

La construction statutaire accueille deux types de dialogue social, l'un au sein des instances consultatives (dans lesquelles siègent les organisations syndicales), qui s'exprime lors de l'examen des projets de textes, et l'autre en dehors de ces instances à travers des discussions jusqu'ici non formalisées qui pouvaient donner lieu à des accords mais pas forcément. La négociation des accords se situe délibérément en dehors des instances consultatives (A). Elle est largement restée entre les mains

[1] Pour une approche comparative : F. Debord, La singularisation conventionnelle dans la fonction publique, *Revue de droit du travail*, 2022, p. 29.

de l'employeur, même si une initiative syndicale a été consacrée (B).

A. Une négociation en dehors des instances consultatives

Jusqu'ici, il y avait en quelque sorte deux temps : celui de la négociation et celui de l'examen des projets de texte devant les instances consultatives. Cette distinction demeure lorsque l'accord collectif prévoit l'engagement de la part de l'employeur public de prendre un texte. En revanche, si l'accord comporte des clauses réglementaires, elles se substituent aux dispositions réglementaires. Elles ne font donc pas l'objet d'une consultation des instances consultatives compétentes. Là est la nouveauté. Cette approche place l'accord en dehors du champ de l'amendable à la différence de l'acte unilatéral (projet de texte) qui peut accueillir des amendements des représentants du personnel.

Les instances consultatives sont seulement informées. Ainsi, l'information vise les organisations syndicales siégeant au sein de l'organisme consultatif de référence de la signature des accords mais aussi de la modification, suspension ou dénonciation de celui-ci[1]. Si la solution est cohérente au regard de la construction du cadre, l'exigence de représentativité des OS signataires maintient un lien avec les instances consultatives (dont la composition dépend de cette représentation). Le fait que les mesures règlementaires ne soient pas soumises à la consultation préalable des organismes consultatifs ne méconnaît pas le principe de participation des travailleurs dans la mesure où il y a eu une négociation avec les organisations syndicales représentatives[2].

---

[1] D. n° 2021-904, 7 juill. 2021, art. 7.

[2] Rejet de la demande de QPC, CE, 5 oct. 2021, req. n° 451.784, cons. 5.

B. Une négociation ouverte

Le cadre de la négociation s'inscrit dans un contexte nouveau dans lequel les accords peuvent constituer une source du droit. La place résiduelle des accords dans la fonction publique peut expliquer le fait que le cadre soit peu contraignant mais aussi qu'il tienne compte de la marque statutaire de la fonction publique (1). Pour autant, certaines logiques comme l'initiative syndicale sont de nature à favoriser le dialogue social même si le dispositif se révèle assez limité (2).

1) Entre souplesse et contraintes implicites ?

Le renforcement de la négociation à travers les modalités de celle-ci ne va pas de soi. Les règles étudiées paraissent poser un cadre peu contraignant à l'instar de l'absence d'obligation de négocier. Pour autant, certaines dispositions situées en aval de la négociation marquent une forme implicite d'encadrement de la négociation.

L'absence d'obligation de négocier – Le corpus juridique n'a pas retenu d'obligation de négocier ni de périodicité. Les organisations syndicales avaient déposé des amendements en ce sens lors du Conseil commun de la fonction publique (CCFP) du 18 décembre 2020. Elles ont cherché à introduire des négociations périodiques en particulier sur les rémunérations (CGT, FO, Solidaires, CGC tous les ans ; CFDT et UNSA tous les trois ans) ou sur l'égalité professionnelle (CGT tous les ans). Cette situation tient sans doute à la culture du dialogue social et à la place des accords dans le corpus juridique. L'ouverture de négociation est abordée de manière parcellaire. En effet, le texte n'évoque pas l'initiative de l'employeur tant celle-ci paraît évidente.

Développements indirects – S'il n'y a pas d'obligation de négocier on peut observer un mouvement en faveur de la négociation. Ce mouvement est relativement récent et prend des formes différentes selon les domaines. En matière d'action pluriannuelle pour assurer l'égalité professionnelle entre les femmes et les hommes, l'ordonnance du 17 février 2021 a introduit une obligation d'ouvrir des négociations pour l'élaboration du prochain plan d'action[1]. En cas de conclusion d'un accord, le plan négocié constitue le plan d'action[2]. Dans la fonction publique hospitalière, est prévue une obligation de négocier le projet social[3] ainsi que l'organisation du travail d'un établissement hospitalier[4]. Enfin, dans la fonction publique territoriale et à propos de la grève dans les services publics locaux, les employeurs territoriaux peuvent engager des négociations en vue d'encadrer les modalités de continuité de certains services publics locaux[5].

L'encadrement implicite – La négociation dépend des forces en présence et des marges d'action possibles y compris sur le plan financier. On peut se demander si certains mécanismes situés en aval de la signature des accords constituent des formes de limitations de la négociation. Ces mécanismes divergent selon le versant de la fonction publique étudié : approbation préalable dans la fonction publique d'État[6], vérification de la conformité de l'accord aux normes supérieures par les ARS dans la

---

[1] Ord. 2021-174, 17 fév. 2021, art. 3.
[2] CGFP, art. L. 132-4.
[3] CSP, art. L. 6143-2-1.
[4] CSP, art. L. 6143-7, 14°.
[5] CGFP, art. L. 114-7 à L. 114-10 ; anc. L. 84-53, 26 janv. 1984, art. 7-2.
[6] Si clauses réglementaires dans certains domaines notamment déroulement des carrières et promotion professionnelle ; CGFP, art. L. 224-4.

fonction publique hospitalière[1]. Enfin, dans la fonction publique territoriale, la vérification des conditions de validité par l'organe délibérant constitue un moyen de contrôler le contenu des accords[2].

2) Une initiative syndicale triplement limitée

L'initiative syndicale, qui constitue un des points importants d'ouverture de la négociation[3], appelle trois remarques qui en montrent les limites.

La première concerne le champ de cette initiative. S'il est très large[4], il ne vise pas le champ des « négociations relatives à l'évolution des rémunérations et du pouvoir d'achat des agents publics » qui figure à l'article L. 221-1 du CGFP. Autrement dit, les organisations syndicales ne peuvent pas « forcer » le Gouvernement à engager des discussions dans ce domaine.

Les organisations syndicales représentatives ont demandé le 12 avril 2021 l'ouverture de négociations pour améliorer les carrières de tous les agents publics[5]. Amélie de Montchalin, alors ministre de la Fonction publique, a écarté celle-ci estimant que la demande relevait plutôt de l'évolution des rémunérations et a refusé d'ouvrir des discussions dans la mesure où « la politique salariale ne rentre pas dans le champ de l'initiative majoritaire » (lettre du 4 mai 2021).

---

[1] CGFP, art. L. 226-2.
[2] CGFP, art. L. 224-2.
[3] CGFP, art. L. 225-1, anc. L. 83-683, 13 juill. 1983, art. 8 quinquies.
[4] Renvoi à l'un des domaines énumérés à l'article L. 222-3, ou dans tout autre domaine dans les conditions prévues à l'article L. 222-4 du CGFP ; anc. L. 83-634, 13 juill. 1983, art. 8 ter.
[5] CGFP, art. L. 222-3, anc. L. nº 83-634, 13 juill. 1983, art. 8 ter.

La deuxième remarque intéresse le seuil requis pour mettre en œuvre l'initiative syndicale. Il faut que les organisations syndicales « aient recueilli au total au moins 50 % des suffrages exprimés ». L'éclatement du paysage syndical oblige les organisations syndicales à travailler ensemble. On comprend le parallélisme avec le seuil exigé pour que l'accord soit valide mais on aurait pu imaginer un seuil moins élevé. La CGT avait déposé un amendement permettant d'engager au niveau national une première réunion de négociation en cas de demande unanime des organisations syndicales représentatives[1].

La dernière remarque concerne les effets de l'initiative syndicale. Il s'agit d'ouvrir une négociation. Concrètement cela signifie que l'autorité est tenue de proposer, dans un délai d'une durée maximale de 2 mois, une réunion visant à déterminer si les conditions d'ouverture d'une négociation sont réunies[2]. L'autorité doit indiquer la suite qu'elle donne à cette initiative. L'obligation est donc assez peu contraignante. La force (s'il y a) du dispositif tient à la posture politique dans laquelle l'administration va se trouver. Celle-ci oblige indirectement les employeurs publics à se positionner sur une demande, voire à se justifier[3].

2. Un corpus favorisant la conclusion d'accords collectifs

Le corpus juridique qui régit les modalités de la négociation nous semble porteur de deux dynamiques, la première est

---

[1] Amendement CGT n° 11 ; CR CCFP 18 déc. 2020 p. 32.

[2] D. n° 2021-904, 7 juill. 2021, art. 3.

[3] Même si la motivation ne semble pas être exigée puisque l'administration « notifie par écrit dans un délai de quinze jours aux organisations syndicales représentatives la suite qu'elle donne à la demande ».

de fixer un cadre assez ténu en termes d'obligation de négociation (A). La seconde dynamique tient au rôle de certains accords pour favoriser la conclusion d'autres accords (B).

A. La participation aux négociations

La signature d'accords collectifs au sein de la fonction publique dépend étroitement des conditions de participation à la négociation en particulier des obligations de comportement des acteurs (1). Elle tient aussi aux légitimités des acteurs pour participer à la négociation (2).

1) Les obligations pesant sur les acteurs

L'encadrement des acteurs est réduit et ne comporte ni obligation de loyauté ni pouvoir de suspension du pouvoir réglementaire en cas de négociation.

La non-consécration explicite d'une obligation de loyauté – La mission Esch-Vigouroux-Rouquette sur la négociation collective dans la fonction publique proposait que la loi introduise une obligation de loyauté[1]. Cela implique de communiquer aux organisations les informations nécessaires pour leur permettre de négocier en toute connaissance de cause. En droit du travail, cette obligation est reconnue de manière explicite en matière d'exécution[2] et de manière implicite dans la négociation[3]. Sans doute la place de la négociation et des accords explique-t-elle le choix de ne pas reprendre cette règle en droit de la fonction

---

[1] M.-O. Esch, C. Vigouroux, Jean-Louis Rouquette, Renforcer la négociation collective dans la fonction publique, avril 2020, p. 62, proposition n° 28.

[2] C. Trav., art. L. 2241-4.

[3] Jurisprudence de la Cour de cassation : Cass. Soc. 6 janv. 2016, n° 15-10975.

publique. Plusieurs organisations syndicales ont demandé sans succès que les négociations dans la fonction publique respectent le principe de loyauté[1].

Cette obligation n'a pas été consacrée. Pour autant, cela ne signifie pas que les conditions de la négociation soient affaiblies. Ainsi que le faisait remarquer la mission Esch-Vigouroux-Rouquette sur la négociation collective dans la fonction publique, la mise à disposition de la base de données sociales peut faciliter l'accès à l'information[2]. Toutefois, les champs ne se recoupent pas toujours et des questions propres à la négociation peuvent se poser (délai pour étudier les documents par exemple).

Nous rejoignons les observations du professeur Marc qui voit dans les accords de méthode une certaine loyauté[3]. L'accord de méthode qui se situe en aval du début de la négociation et en amont d'un accord peut aussi fixer des règles sur le sujet. C'est le cas lorsque les « accords mentionnent leur calendrier de mise en œuvre et, le cas échéant, la durée de leur validité ainsi que les conditions d'examen par le comité de suivi des mesures qu'ils impliquent et de leurs modalités d'application[4] », on se situe dans un champ qui facilite la négociation. Très peu d'accords de méthode ont été conclus. En absence de ces accords, le déroulement des négociations va largement dépendre de l'employeur public.

L'absence de pouvoir de suspension du pouvoir réglementaire durant les négociations – Le rapport Esch-

---

[1] Compte rendu du CCFP du 18 déc. 2020, p. 28/29 – amendement n° 9 CGT et amendement CFE-CGC n° 3.

[2] En ce sens, p. 62.

[3] E. Marc, L'ordonnance du 17 février 2021 : extension substantielle et maîtrisée de la négociation collective, *AJFP* 2021, p. 133.

[4] D. n° 2021-904, 7 juill. 2021, art. 5.

Vigouroux-Rouquette proposait de prévoir une suspension temporaire du pouvoir de décision dès lors qu'une négociation obligatoire était engagée [1]. L'idée était de « favoriser une négociation apaisée sans pression ou menace d'une partie sur l'autre ».

Cette proposition n'a pas été reprise dans le corpus juridique. Son intérêt portait sur certains accords. En effet, la suspension du pouvoir réglementaire n'aurait eu de sens que pour les accords comportant des dispositions règlementaires ou des engagements de prendre un texte. Nous ne sommes pas convaincus par les effets attachés de la suspension. À partir du moment où l'administration cherche un accord elle n'a pas intérêt à exercer son pouvoir réglementaire en même temps.

2) Des légitimités différentes pour participer aux négociations

La participation à la négociation découle de la légitimité des acteurs, qu'il s'agisse des organisations syndicales ou des employeurs.

La participation des organisations syndicales

Les organisations syndicales tirent leur légitimité à négocier de leurs résultats électoraux. Le corpus juridique comporte deux séries de dispositions : celles relatives à la validité de l'accord dans laquelle les suffrages exprimés déterminent si la majorité est obtenue[2] et celles liées aux acteurs habilités à négocier (titre du chapitre dans le CGFP). Dans ce dernier cas, il est fait référence à l'obtention de

---

[1] M.-O. Esch, C. Vigouroux, J.-L. Rouquette, Renforcer la négociation collective dans la fonction publique, avril 2020, p. 60, proposition nº 27.

[2] CGFP, art. L. 223-1.

sièges dans les instances consultatives[1]. Les négociations impliquent la présence d'au moins une organisation syndicale représentative, c'est-à-dire disposant d'un siège. Cela permet d'y associer les organisations syndicales non représentatives même si au final elles n'auront pas de poids du point de vue de la validité de l'accord. Il faut réserver le cas de la participation aux négociations au niveau national et relatives à l'évolution des rémunérations et du pouvoir d'achat des agents publics. Ne participent à ces négociations que les organisations syndicales représentatives[2].

La participation des employeurs

Côté employeur, le système s'articule autour de la compétence pour prendre les actes ou les engagements. Cela n'interdit pas des délégations pour conduire les négociations [3]. De même, dans la fonction publique territoriale le corpus juridique apporte une réponse pour les petites collectivités et les établissements ne disposant pas d'un comité social. Dans ce cas le centre de gestion est autorisé le cas échéant à négocier et conclure un accord[4]. Il faut donc que le centre de gestion détermine avec la ou les collectivités concernées les conditions de déroulement de la négociation ainsi que les modalités de conclusion de l'accord. L'application de l'accord est subordonnée à son approbation par l'autorité territoriale ou l'organe délibérant de la collectivité territoriale ou de l'établissement. Plus globalement la question des négociations groupées d'employeurs se pose.

---

[1] CGFP, art. L. 221-3.

[2] CGFP, art. L. 221-1.

[3] CGFP, art. L. 224-2.

[4] CGFP, art. L. 224-3 qui renvoie au 4° de l'article L. 452-38 anc. L. 83-634, 13 juill. 1983, art. 8 quater.

B. Les accords à l'origine d'autres accords

Les modalités de la négociation résident dans la procédure de négociation mais aussi dans le rôle joué par certains accords. Il en va ainsi des accords de méthode mais aussi des accords-cadres. S'ils ont vocation à faciliter la conclusion des accords, l'approche n'est pas la même. L'accord de méthode (1) est un préalable à un accord tandis que l'accord-cadre (2) constitue un accord sur le fond qui tend à se décliner au plan local.

1) Les accords de méthode

Alors que la loi est en définitive assez silencieuse quant au contenu des accords de méthode (à ne pas confondre avec le champ des accords de méthode), les dispositions réglementaires permettent de traiter de la formation à la négociation dans le cadre d'un accord de méthode[1]. Cette possibilité rejoint une préoccupation exprimée par la mission Esch-Vigouroux-Rouquette sur la négociation collective dans la fonction publique[2].

Par leur objet, ces accords sont de nature à faciliter les conditions de la négociation. Ils favorisent la bonne foi des partenaires qui s'engagent sur des sujets et sur un calendrier. Les accords de méthode [3] définissent les conditions de la négociation dans tous ces aspects pratiques. Cela peut tenir au calendrier, au recours à des experts, aux moyens d'information mis à disposition. L'accord de méthode prévoit les thèmes de la négociation, ce qui facilite l'objet des discussions. Ces accords concernent tous les domaines sauf celui « des négociations relatives à

---

[1] D. n° 2021-904, 7 juill. 2021, art. 1er.

[2] M.-O. Esch, C. Vigouroux, J.-L. Rouquette, Renforcer la négociation collective dans la fonction publique, avril 2020, p. 12.

[3] CGFP, art. L. 222-2.

l'évolution des rémunérations et du pouvoir d'achat des agents publics » prévues à l'article L. 221-1 du CGFP[1]. Non publiés, il est très difficile de se les procurer. Nous tenons à remercier les représentants syndicaux qui nous ont communiqué deux accords, l'un sur le télétravail dans la fonction publique, l'autre sur la protection sociale complémentaire dans la fonction publique de l'État.

Pour illustrer ce type d'accord nous prendrons l'accord de méthode sur le télétravail (11 mai 2021). Ainsi cet accord a précisé les enjeux de la négociation (envisager la pratique du télétravail comme un mode d'organisation parmi d'autres dans le cadre de l'accomplissement des missions de service public), la composition de l'instance de négociation mais aussi la possibilité de recourir à des experts proposés par les organisations syndicales représentatives (OSR) au sein du CCFP (médecin du travail, juriste, sociologue du travail), les délais pour lire les documents communiqués (au moins 5 jours ouvrés avant la tenue de la réunion), le principe de compte rendu. L'accord indique aussi les thèmes sur lesquels la négociation portera[2].

---

[1] CGFP, art. L. 222-2 renvoie aux art. L. 222-3 et L. 222-4 ; anc. L. 83-634, 13 juill. 1983, art. 8 bis III renvoyait à l'article 8 ter ce qui excluait l'article 8 bis I.

[2] Voir art. 4 : la liste est très longue : l'accès au télétravail ; l'impact du télétravail sur l'égalité professionnelle, le droit à la déconnexion, le télétravail contraint et le travail à distance en période de crise.

2) Les accords-cadres

Les accords-cadres constituent des accords qui ne se distinguent pas des accords de fond. Toutefois, ils ont aussi vocation à donner naissance à d'autres accords au plan local. La déclinaison dépend du niveau de l'accord-cadre. Celui-ci peut être conclu au sein d'un département ministériel, d'un versant de la fonction publique, voire de plusieurs au sein de la fonction publique. Le CGFP est assez laconique et indique « ils ont pour objet de déterminer les modalités et, le cas échéant, le calendrier de ces négociations ». À ce titre ils peuvent indiquer une méthode[1]. L'accord a donc deux facettes, l'une est de permettre une certaine unité au plan local (cadre), l'autre de faciliter la conclusion au niveau local (déclinaison). L'identification des accords-cadres n'est pas évidente. Le terme n'apparaît pas dans l'accord. L'accord sur le télétravail (13 juillet 2021) en est une illustration. Il faut se reporter au point 14 de l'accord pour voir une déclinaison (page 19) : il prévoit que les « employeurs publics de proximité des trois versants de la fonction publique s'engagent [...] à engager des négociations avant le 31 déc. 2021 en vue de la conclusion d'un accord relatif au télétravail qui déclinera le présent accord ».

3. La vie des accords collectifs

Les accords qui sont conclus ont des fonctions différentes. Ainsi, les accords de méthode doivent permettre la conclusion d'autres accords. Les autres accords de « fond » comportent des engagements de faire, voire des clauses réglementaires. Se pose la question du suivi de la mise en œuvre des accords (A). Ces accords, qui s'inscrivent parfois dans le temps, peuvent faire l'objet de révision, voire de

---

[1] CGFP, art. L. 222-2 ; SGFP, titre 1er, art. 8 bis III.

dénonciation. Toutefois les possibilités sont très limitées (B).

A. La mise en œuvre des accords

Le corpus juridique relatif à la mise en œuvre des accords est assez réduit et tient essentiellement en deux dispositions : la création d'un comité de suivi des accords (1) et la possibilité de suspendre l'accord en cas de situation exceptionnelle (2).

1) Le suivi de la mise en œuvre de l'accord

Afin de faciliter le bon déroulement de la mise en œuvre de l'accord signé, un comité de suivi de l'accord est déterminé pour chaque accord.

La composition de ce comité a fait débat. On rappellera que la mission Esch-Vigouroux-Rouquette sur la négociation collective dans la fonction publique proposait de laisser aux parties à l'accord le soin d'en définir la composition (proposition n° 20). Devant le CCFP, le syndicat Solidaires avait déposé un amendement incluant les organisations syndicales non signataires de l'accord[1]. Il reposait sur l'argument selon lequel les accords conclus à la suite de négociations collectives s'appliquent à tous. Cela justifiait que toutes les OSR puissent participer au comité de suivi.

Cette approche n'a pas été retenue. Seuls les signataires de l'accord y participent[2]. La solution correspond aux pratiques antérieures. Nous continuons de regretter cette pratique qui tient à l'écart les organisations non signataires.

---

[1] CR CCFP 18 déc. 2020, p. 14 et p. 35 amendement Solidaires n° 5.
[2] CGFP, art. L. 227-1 ; anc. L. 83-634, 13 juill. 1983, art. 8 octies II.

La mise en œuvre des accords doit associer l'ensemble des acteurs et ne pas apporter de divisions supplémentaires.

La question s'est posée de savoir si le fait de limiter la composition du comité de suivi aux seuls signataires de l'accord portait atteinte au principe de la liberté syndicale. Le Conseil d'État a considéré que les dispositions issues de l'ordonnance du 17 février 2021 précitée « ne sauraient avoir pour objet ni pour effet d'exclure les organisations non signataires des négociations portant sur des questions qui excèdent le suivi de la mise en œuvre de l'accord et qui relèvent des domaines dans lesquels doivent être appelées à participer l'ensemble des organisations représentatives[1] ». Autrement dit, le fait de réserver aux seuls OS signataires est valable.

2) Un pouvoir de suspension

L'autorité dispose d'un pouvoir de suspension en cas de situation exceptionnelle[2]. Le guide de la négociation collective[3] cite le cas d'un arrêt total du trafic aérien en raison d'une pandémie qui peut empêcher l'exécution d'un accord. L'encadrement de ce pouvoir est relatif et tient à la durée (durée maximale de trois mois renouvelable une fois) et à l'indication des motifs par l'autorité aux organisations syndicales signataires des motifs justifiant la suspension et, le cas échéant, son renouvellement[4].

---

[1] Rejet demande de QPC ; CE, 5 oct. 2021, req. n° 451.784, cons. 8 ; également CE, 11 fév. 2022, req. n° 451784, cons. 5 ; CE, 19 mai 2022, req. n° 456.425, cons. 3.

[2] CGFP, art. L. 227-3 ; anc. L. 83-634, 13 juill. 1983, art. 8 octies III.

[3] DGAFP déc. 2021, p. 32.

[4] D. n° 2021-904, 7 juill. 2021, art. 9.

B. Révision et dénonciation des accords collectifs

Certains accords collectifs peuvent s'inscrire dans un temps long notamment ceux comportant des clauses réglementaires. Aussi fallait-il envisager le régime de la révision (partielle) ou de la dénonciation (totale ou partielle) de l'accord collectif. La construction du régime repose sur l'idée que ces actions ne concernent que les signataires de l'accord (1) et que s'agissant des organisations syndicales (OS) l'exigence de majorité s'impose aussi en cas de révision ou de dénonciation (2). C'est donc la stabilité et la pérennité qui ont été privilégiées. Le régime comporte aussi des interrogations (3).

1) La prépondérance donnée aux organisations syndicales signataires

L'accord est le fait des parties et seuls les signataires de celui-ci peuvent réviser ou dénoncer l'accord. Cette solution rejoint celle retenue en droit du travail où la révision comme la dénonciation ne concernent que les parties signataires[1]. Toutefois le droit du travail admet qu'à l'issue d'un cycle électoral les organisations syndicales devenues représentatives puissent réviser ou dénoncer des accords[2].

Le dispositif écarte les organisations syndicales non signataires quand bien même elles seraient représentatives. Lors de l'examen du projet d'ordonnance par le Conseil commun de la fonction publique, un amendement syndical avait été déposé pour permettre aux organisations

---

[1] C. Trav., art. L. 2261-7 pour la révision ; C. Trav., art. L. 2261-9 pour la dénonciation.

[2] En ce sens F. Debord, La singularisation conventionnelle dans la fonction publique, *Revue de droit du travail*, 2022, p. 29.

syndicales représentatives (OSR) non signataires de pouvoir dénoncer les accords : en vain[1].

La constitutionnalité des dispositions réservant aux seules organisations syndicales signataires la possibilité de demander la modification de l'accord ou de dénoncer l'accord a été posée. La question était de savoir si l'exclusion des organisations syndicales non signataires portait atteinte à la liberté syndicale et au principe de participation. Le Conseil constitutionnel, saisi d'une QPC par le Conseil d'État [2], a écarté le grief d'inconstitutionnalité[3]. Le raisonnement repose sur deux considérations. La première tient au rôle des restrictions qui servent à inciter à la conclusion d'accords et à en assurer la pérennité. La seconde est liée au fait que les organisations syndicales non signataires peuvent prendre des initiatives. Les dispositions litigieuses « n'ont ni pour objet ni pour effet d'interdire aux OSR qui n'étaient pas signataires de prendre l'initiative de la modification ». Le mécanisme de l'initiative syndicale est repris par le Conseil constitutionnel pour considérer qu'il s'agit d'un moyen pour ouvrir une négociation en vue de sa modification ou participation à la négociation d'un nouvel accord dans le cadre de ce régime.

C'est donc une construction à côté qui est privilégiée impliquant la conclusion d'un autre accord[4].

Le Conseil d'État a annulé l'exigence posée à l'article 8 du décret nº 2021-904 du 7 juillet 2021 d'être signataire de l'accord pour en demander la révision. En effet, l'ordonnance du 17 février 2021 précitée ne prévoyait

[1] Amendement Solidaires FP nº 8. Compte rendu du CCFP 18 déc. 2020, p. 36.

[2] CE, 5 oct. 2021, req. nº 451.784.

[3] QPC 10 déc. 2021, nº 2021-956, *AJDA* 2021, p. 2488.

[4] V. sur le même sujet et pour la dénonciation : CE, 19 mai 2022, req. nº 456.425, cons. 9.

qu'une condition de majorité. En ajoutant dans le décret une condition non prévue par la loi, le pouvoir réglementaire a méconnu l'exigence résultant des 6e et 8e alinéas du Préambule de la Constitution de 1946[1].

Il est donc possible aux autres organisations syndicales non signataires de demander la révision d'un accord sous réserve de disposer d'une majorité.

2) Des conditions strictes de majorité

La révision ou la dénonciation par les organisations syndicales suppose le respect de la condition de majorité[2]. Cette condition sera difficile à remplir. En cas de révision, une distinction est faite pour l'appréciation de la règle de majorité des suffrages exprimés[3]. Elle est appréciée :
- à la date de signature de l'accord, lorsque la révision intervient durant le cycle électoral au cours duquel l'accord a été signé ;
- à la date des dernières élections professionnelles organisées pour l'organisme consultatif de référence, lorsque la révision intervient après le cycle électoral au cours duquel l'accord a été signé. Ce système concerne aussi les dénonciations[4].

---

[1] CE, 19 mai 2022, req. nº 456.425, cons. 7.
[2] CGFP, art. L. 227-2 ; anc. L. 83-634, 13 juill. 1983, art. 8 octies III pour la révision ; D. nº 2021-904, 7 juill. 2021, art. 10.
[3] D. nº 2021-904, 7 juill. 2021, art. 8.
[4] D. nº 2021-904, 7 juill. 2021, art. 10 renvoyant aux 1 et 2° de l'article 8 du même décret.

3) Un régime à construire ?

Le corpus juridique aborde les modalités de révision ou de dénonciation de manière plus prononcée pour cette dernière.

La révision est partielle[1]. S'agissant de la demande de révision, si les conditions sont réunies, l'employeur peut engager des discussions. Toutefois rien ne semble le contraindre à le faire. C'est le jeu des parties.

Concernant la dénonciation des accords, seuls les accords à durée indéterminée peuvent être dénoncés. La dénonciation peut être partielle ou totale[2]. Si le principe de la dénonciation est réservée aux parties signataires (et donc aussi aux employeurs), le régime ne s'intéresse qu'aux organisations syndicales[3].

Les conditions de la dénonciation des accords sont particulièrement difficiles à réunir. L'accord doit être à durée indéterminée et les clauses de l'accord ne peuvent plus être appliquées[4]. Le texte n'indique pas qui va vérifier la non-application des clauses. En cas de dénonciation de clauses réglementaires, le texte a voulu éviter un vide juridique. Les clauses réglementaires « restent en vigueur jusqu'à ce que le pouvoir réglementaire ou un nouvel

---

[1] CGFP, art. L. 227-4 ; anc. L. 83-634, 13 juill. 1983, art. 8 octies.

[2] CGFP, art. L. 227-4 ; anc. L. n° 83-634, 13 juill. 1983, art. 8 octies.

[3] CGFP, art. L. 227-1 : « Les accords mentionnés à l'article L. 223-1 peuvent faire l'objet d'une dénonciation totale ou partielle par les parties signataires. Lorsqu'elle émane d'une des organisations syndicales signataires, la dénonciation […] ».

[4] D. n° 2021-904, 7 juill. 2021, art. 10.

accord les modifie ou les abroge[1] ». La dénonciation suppose le respect d'un préavis d'un mois[2].

***
*

Au terme de cette étude plusieurs caractéristiques apparaissent nettement : un régime peu contraignant pour les employeurs, des accords difficilement modifiables. Faut-il s'en inquiéter ? Nous ne le pensons pas. La négociation se nourrit avant tout d'un contenu. Sans doute peut-on voir des éléments positifs dans la possibilité d'initiative syndicale ou d'accords de méthode.

Notre dernier développement porte sur un thème qui nous est cher. Il tend à rappeler l'importance de la connaissance des accords collectifs signés. Elle l'est non seulement dans l'hypothèse où l'accord serait une source de droit mais aussi au-delà. Or, sur ce point, nous ne sommes pas optimistes. La mission Esch-Vigouroux-Rouquette précitée soulignait l'absence de données chiffrées, même synthétiques sur le nombre et la nature des accords collectifs[3]. Le principe de publicité est acquis et la transmission des accords à certaines instances est prévue[4]. Les accords doivent être publiés par voie numérique ou par tout autre moyen[5]. La même mission proposait de rendre tous les futurs accords consultables dans une base de données nationales[6]. Il faut espérer qu'une telle base voie le jour et soit accessible à tous.

---

[1] CGFP, art. L. 227-4 ; anc. L. 83-634, 13 juill. 1983, art. 8 octies III.
[2] D. nº 2021-904, 7 juill. 2021, art. 10.
[3] P. 18.
[4] CGFP, art. L. 226-2 ; anc. L. nº 83-634, 13 juill. 1983, art. 8 octies.
[5] D. nº 2021-904, 7 juill. 2021, art. 6.
[6] Proposition nº 22, rapport précité p. 53.

Au-delà de l’enjeu de connaissances, une telle base pourrait favoriser la réalisation de travaux de recherches sur les pratiques des accords dans la fonction publique.

TABLE RONDE

La perception de la réforme par les acteurs du dialogue

Béatrice de Lavalette
Adjointe au maire de Suresnes en charge des questions de dialogue social, innovation sociale et ressources humaines
Membre du CSFPT
Laurence Laigo
Directrice de l'association Dialogues
Ancienne secrétaire nationale de la CFDT
Olivier Nys
Directeur général des services – Montpellier Méditerranée Métropole, Ville de Montpellier
Jean-Louis Rouquette
Inspecteur général des finances honoraire
Ancien DRH du ministère de l'Économie et des Finances
Membre de la mission « Renforcer la négociation collective dans la fonction publique »
Philippe Soubirous
Secrétaire fédéral de la Fédération générale des fonctionnaires – Force ouvrière (FO)

Débats animés par Catherine RIBOT, Professeure à l'Université de Montpellier – CREAM

Catherine Ribot : Bonjour à tous. Merci aux intervenants d'avoir accepté de participer à cette table ronde. Je vous propose tout d'abord de nous interroger sur les fondements, les éléments essentiels de cette réforme dont nous avons beaucoup parlé dans la première partie de la matinée. Nous pouvons ainsi commencer par un premier tour de table qui permettra à chacun de donner son sentiment sur la réforme dans sa globalité, avant que l'on entre ensuite dans le détail de certaines questions plus thématiques.

Béatrice de Lavalette : Bonjour à tous. Je suis effectivement adjointe au maire de Suresnes en charge des ressources humaines, du dialogue social et de l'innovation sociale. J'ai été vice-présidente de la région Île-de-France en charge du dialogue social. Je m'exprime ici comme élue locale, comme représentante d'employeurs locaux. Je siège aussi au Conseil supérieur de la fonction publique territoriale. En m'invitant, vous avez fait le choix d'inviter quelqu'un qui porte depuis une quinzaine d'années une politique pionnière unique, audacieuse, qui a été qualifiée comme telle par la presse. Plusieurs articles ont dit que Suresnes était la capitale du dialogue social, qui bénéficie d'une reconnaissance internationale puisque Suresnes est la seule collectivité publique à siéger au sein du Global Deal. Je rappelle ce qu'est le Global Deal : c'est une émanation, une initiative de l'OIT et de l'OCDE, à laquelle une vingtaine de pays ont adhéré. Le credo, c'est de dire que le dialogue social est un vrai levier de performance, de compétitivité, d'emploi et de performance économique.
La France y siège depuis 2017, avec notamment une trentaine d'entreprises françaises et cinq syndicats, dont je crois d'ailleurs, FO et la CFDT. Suresnes est la seule représentante du secteur public, et dans ce cadre-là, j'ai d'ailleurs porté plusieurs rapports sur le dialogue social, sur l'égalité femmes-hommes, auprès des différents ministres

dans le cadre de la ratification d'une convention de l'OIT et de la PFUE. On bénéficie aussi d'une reconnaissance de l'Organisation internationale du travail, cette agence de l'ONU qui est spécialisée en matière d'emplois, de formations, de dialogue social, d'égalité femmes-hommes, puisqu'on a eu un audit en 2015, pendant trois semaines, de la politique que l'on conduit, et que l'OIT a appelé d'ailleurs ses États membres à s'inspirer de cette politique, et nous avons noué plusieurs partenariats avec différents pays, dont la Tunisie. Nos représentants syndicaux, nos cadres, moi-même, sommes allés à de multiples reprises, dans le cadre d'une convention avec le ministère du Travail et de l'Égalité femmes-hommes, accompagner les fonctionnaires tunisiens, les syndicalistes, parce qu'on a aussi un partenariat avec l'UGTT, sur les questions de dialogue social et d'égalité hommes-femmes. Reconnaissance aussi nationale avec un label AFNOR puisqu'en matière d'égalité hommes-femmes, il n'y a que quatre villes dans toute la France qui ont obtenu ce label AFNOR, et Suresnes en fait partie avec par exemple un écart de salaire de 1,5 et une politique en matière de handicap aussi reconnue, puisqu'on a quasiment 10 % d'agents en situation de handicap.

J'ai fait le choix, depuis mon élection en 2008, de placer le dialogue social au cœur de toute ma politique RH, parce que j'étais absolument convaincue qu'il allait conditionner la réussite de tous nos projets et que ce serait un fantastique levier de performance publique, un outil au service de l'amélioration de la qualité du service public et du progrès social. C'est un choix assez singulier pour un employeur. Je pensais que le dialogue social n'était pas une option qu'on pouvait écarter, mais une nécessité absolue et vertueuse : l'argent qu'on met dans le dialogue social n'est pas une dépense mais un investissement pour signer des accords gagnant-gagnant.

D'ailleurs, nous en avons signé plusieurs. J'ai une CGT qui fait 62 % dans ma collectivité, la CFDT est à 25 %, FO est à 9 %, et j'ai signé avant-hier le 38e accord que je qualifie de gagnant-gagnant, parce qu'au bénéfice de tout le monde, des Suresnois, de la collectivité employeur et des agents. On est assez fiers de totaliser une demi-journée de grève en quinze ans, depuis 2008, pour des raisons locales. À l'appui de cette politique, nous avons signé en 2009, une charte de reconnaissance du parcours syndical. L'idée, c'est de dire qu'il ne faut pas discriminer ceux qui ont un engagement syndical. Vous savez que c'est la troisième cause de discrimination selon le Défenseur des droits et l'OIT. On souffre très fortement en France de la faiblesse de l'engagement syndical, on a une moyenne dans les pays de l'OCDE qui est à 23 %. Dans les pays d'Europe du Nord, où je suis allée, on est plutôt à 70 %, et en France on est péniblement à 10 %. À mon sens, et c'est ce que je regrette notamment dans la loi de transformation publique, il fallait tout faire au contraire pour favoriser l'engagement syndical, et notamment des jeunes. On n'a que 2 %, j'ai vu des chiffres, des jeunes de moins de 25 ans qui ont un engagement syndical, 5 % des jeunes de 30 ans. Il y a donc une faiblesse pour le renouvellement syndical. J'ai ainsi signé cette charte en 2009 avec l'ensemble des organisations syndicales qui vise donc à favoriser l'engagement syndical en reconnaissant les compétences acquises dans le cadre du mandat syndical. L'idée est de dire qu'un secrétaire général d'un syndicat – par exemple le mien est chauffeur de bus – développe de multiples compétences : des compétences managériales, des compétences en communication, des compétences de gestion. Pourquoi ne pas reconnaître ces compétences ?

C'est utile à la fois pour celui qui s'engage, mais aussi pour la collectivité.

En France, malheureusement, bien souvent l'engagement syndical est synonyme de frein à la carrière, si ce n'est pas de fin définitive de la carrière. Donc je regrette que la loi du 6 août 2019 ne se soit pas penchée plus fortement sur cette question et n'ait pas reconnu les compétences syndicales. On a mis en place un passeport de compétences, et c'est un vrai levier. D'ailleurs, nous sommes à Suresnes 10 % au-dessus de la moyenne nationale concernant la participation aux élections professionnelles et 10 % au-dessus de la moyenne départementale.

Une des faiblesses dont souffre notre pays, c'est la faiblesse syndicale et la logique de confrontation dans laquelle on s'inscrit depuis longtemps. J'ai mis en place ce dialogue social apaisé, constructif, renouvelé, avec pour socle cette charte de reconnaissance du parcours syndical. J'ai également mis en place un autre dispositif : le chèque syndical. Ce dispositif permet à chaque agent de recevoir à son domicile un bon, un chèque qu'il pourra ensuite reverser au syndicat de son choix. Nous n'avons pas beaucoup d'argent, donc il est d'une valeur de cinq euros, mais je me suis inspirée de ce qui se faisait dans le privé. C'est Axa qui avait mis en place la charte de reconnaissance du parcours syndical et le chèque syndical. Donc l'idée, c'est de rendre chaque agent acteur lui-même du dialogue social en lui laissant le choix, soit de mettre ce chèque à la poubelle s'il le souhaite, soit de participer, puisque l'heure est à la participation, à l'attribution de la subvention aux organisations syndicales. Il n'y a pas de raison que ce soit une fois tous les quatre ans, sur la base des élections, qu'on attribue nos subventions. Nous avons décidé de donner la parole aux agents en leur disant : « On va attribuer une subvention. » C'est très cadré, ça passe en Conseil municipal, aux organisations syndicales, mais c'est vous qui décidez.

Catherine Ribot : Merci beaucoup de tout cet enthousiasme, madame. Je laisse la parole à madame Laigo.

Laurence Laigo : Je voudrais parler avec mes deux casquettes : celle de directrice de Dialogues, association, qui promeut le dialogue social, qui favorise la rencontre des acteurs, qui accompagne aussi, avec un double regard, employeurs et syndicalistes – j'en parlerai peut-être plus dans la deuxième table ronde – mais également celle d'ancienne syndicaliste au sein de la CFDT. J'ai en effet été membre de la commission exécutive de la CFDT, entre 2006 et 2013, et j'ai ainsi pu analyser le repositionnement du cadre du dialogue social, des accords majoritaires, des discussions auxquelles j'ai participé. Je vais revenir sur ces éléments de contexte puisque cette dynamique entraîne aussi les discussions qu'on a aujourd'hui sur la fonction publique. J'ai pratiqué le dialogue social des deux côtés, j'ai pratiqué le dialogue social longtemps dans la fonction publique, et je vais être très honnête, j'en ai eu un peu assez parce que je trouvais que franchement, ce n'était pas vraiment du dialogue social, c'était de la concertation. Pour moi, c'est un bout du dialogue social, mais ça ne peut pas se résumer à ça. Donc je suis allée du côté interprofessionnel, et je suis devenue négociatrice dans le privé. Cette double expérience est assez intéressante dans les discussions qui sont les nôtres.

Le premier sujet sur lequel je reviens, est un élément de contexte parce qu'il est important. Les discussions qui se sont ouvertes dans le secteur public, bien sûr, concernaient des enjeux propres au secteur public, mais ce mouvement a

été beaucoup entraîné, impulsé, par des discussions qu'on avait globalement sur les transformations dans l'ensemble de la société française, voire européenne, et donc ce qui nous a motivés à l'époque pour rentrer dans une discussion sur l'évolution des modalités du cadre du dialogue social, c'est le contexte. Un contexte de mutations, un contexte de transformations qu'on connaît tous, qui sont des mutations et des transformations d'une ampleur très importante, qui sont des transformations et des mutations qui ne sont pas choisies uniquement par tel employeur. On pourrait revenir sur tout ce qui percute aujourd'hui les évolutions de notre société, de notre quotidien, et aussi une évolution du corps social, puisqu'aujourd'hui les gens aspirent à d'autres types de fonctionnements, à d'autres types de carrières, à d'autres types de parcours. Donc ce sont tous ces éléments qui ont poussé à ce qu'on ait une réflexion sur la manière dont fonctionne le dialogue social, et à se demander, au fond, s'il est adapté ou pas. Dans les éléments de contexte que je viens d'évoquer, il y a aussi le fait qu'on est sortis d'une période où on était sur des grandes masses, dans les entreprises, avec des gens qui vivaient la même chose. On est rentrés dans une période de complexité, là aussi, qu'on connaît tous, avec une diversification des modes d'organisation des entreprises, une diversification des demandes, de la société, que ce soit par le biais des services publics ou par d'autres demandes. À mon avis, le sujet, c'est aussi ça. Qu'est-ce qu'on a à résoudre aujourd'hui, puisqu'on parle de services publics ? Devant quoi nous trouvons-nous ? Est-ce qu'au fond le dialogue social, tel qu'il est organisé, est la meilleure façon de s'adapter ? Est-ce la meilleure façon de rencontrer les services publics, de satisfaire les salariés avec à la clé, évidemment, de la réussite économique et de la réussite sociale ?
Quand nous sommes rentrés dans ces discussions, la première question a été, dans cette période de très grande

transformation de la société, celle de la légitimité des acteurs. Donc ça a été le débat engagé avec la CGT. Ces transformations vont entraîner des négociations ou des repositionnements importants, et donc il faut, pour pouvoir rentrer dans ces discussions, avoir la légitimité de le faire, puisque vous savez qu'à une époque le dialogue social pouvait se faire avec une organisation syndicale qui ne pesait rien. Donc au regard, encore une fois, des enjeux, on s'est posé cette question. Nous n'avions évidemment pas tous les mêmes avis sur le sujet, mais c'était ça la discussion. Ce n'était pas uniquement « qu'est-ce qu'on pèse ? » dans une dimension politique. Tout ceci ramène à la notion de représentativité : est-ce que j'ai le droit ou pas de négocier ? Est-ce que j'emporte une majorité pour mener des transformations qui sont importantes ? Ceci était lié à toutes les réformes relatives au calcul de l'audience syndicale, à la représentativité et aux accords majoritaires. Aujourd'hui, la fonction publique est dans cette configuration-là, et ce n'est pas rien puisque ça change aussi un petit peu la philosophie des choses.

Ensuite, le débat, qui affecte aujourd'hui la fonction publique, est de dire : par rapport à toutes les problématiques qu'on connaît, par rapport à toutes ces entreprises qui sont de nature différente, de taille différente, avec aujourd'hui des services, pas uniquement de l'industrie, etc., est-il normal d'avoir un cadre de dialogue social unique ? Est-ce judicieux ? Et a commencé la réflexion entre organisations syndicales et entre organisations d'employeurs, indépendamment du législateur, sur l'adaptation du cadre du dialogue social par rapport aux spécificités à prendre en charge. Évidemment, il y a eu un travail sur les négociations avec un décloisonnement des négociations, et il y a eu ce qu'on connaît aujourd'hui au travers des ordonnances, mais qui a été un travail qui s'est fait bien en amont, sur la volonté des organisations syndicales et des organisations d'employeurs. Aujourd'hui, nous avons une transcription dans la loi, avec un choix du législateur et au fond avec des éléments qu'on est en train d'analyser et qu'on retrouve désormais dans la fonction publique. Je pense qu'il est important de se poser la question de l'évaluation de la loi, pas uniquement sur le sujet des instances, mais aussi sur celui des moyens permettant de faire évoluer les politiques publiques et leurs serviteurs – belle dénomination des fonctionnaires, je trouve – pour pouvoir faire face à tous ces enjeux, mais aussi faire face à leurs aspirations.

Le fonctionnaire d'il y a trente ans n'est plus le fonctionnaire d'aujourd'hui. Les gens ont envie de parcours différents, j'en fais partie, j'ai fait vingt ans dans la fonction publique. Aujourd'hui, je suis dans le privé, donc le parcours linéaire, que ce soit dans le privé ou dans le public, n'est plus quelque chose de systématique. Au regard de ça, se pose la question de l'impulsion du dialogue social. Pour pouvoir évaluer si le dialogue social, les instances, les moyens donnés sont bons, il faut mettre l'accent sur ce qu'on appelle le stratégique. On vient de se dire qu'il y avait des mutations. Pour pouvoir adapter le quotidien des salariés et le quotidien des missions, il faut aussi pouvoir avoir ce débat. C'est un point qui a été très fort du côté du privé, c'est un point qui l'est aussi dans le secteur public puisqu'il est noté dans la loi que l'un des enjeux des comités sociaux, c'est justement de pouvoir intégrer cette dimension stratégique. Il y a là un questionnement qui, pour moi, reste entier. Il est vrai que l'entrée dans la négociation et le dialogue social, nécessite de l'engagement, et l'engagement n'est possible que quand on sait où on va. Sur ce sujet-là, il reste une problématique dans les fonctions publiques. Le cap est difficilement donné. On le sait, ce n'est pas simple, donc je pense que la négociation et le mouvement traduits par le dialogue social ne pourront être optimums, non seulement par la mise en place d'instances, mais aussi par une direction qui est donnée et, pour les acteurs, par la capacité à rentrer dans le sujet. Ce sujet constitue encore une grande difficulté. En outre, il ne faut pas oublier que quand il y a dialogue social, il y a deux parties : il y a le représentant des employeurs et le représentant des salariés. Du côté des représentants des salariés, on peut dire ce qu'on veut, mais les choses sont à peu près claires. Du côté de la représentation des employeurs, les choses ne sont pas très claires. Quand l'employeur rentre en négociation, il a un pouvoir, ou en tout cas, il est lié à un pouvoir décisionnel qui fait qu'il peut contracter. Donc la négociation est très dépendante de ça. Dans la fonction publique, la question des périmètres, pour moi, reste encore un sujet. Ça a été dit : pourquoi la question des rémunérations est systématiquement bloquée ? C'est en lien avec le périmètre économique. Cette difficulté est énorme, parce que j'entends bien ce que dit Béatrice de Lavalette, c'est-à-dire la volonté au quotidien d'améliorer les choses, il y a des vraies possibilités mais, ceci étant, à un moment il y a un vrai problème budgétaire qui se pose. Donc qui est dépendant de ce budget ? Qui représente la dimension économique ? Comment peuvent se faire les arbitrages ? Dans les trois versants de la fonction publique, on a des différences fondamentales, entre l'hospitalière, la territoriale et l'État. Ce sujet n'est pas mince. Il est lié à l'organisation des employeurs. Pour avoir aussi fait du dialogue social européen, où on a du dialogue social sectoriel, où on a beaucoup plus un dialogue sur les grandes politiques publiques – l'eau, l'électricité, l'éducation, etc. – on observe que le problème qu'on avait avec la France, c'est que dans les autres pays, on avait des employeurs qui étaient organisés, la France, c'est l'État avec un grand E.

Donc, ça pose tout un tas de problèmes au niveau du dialogue social européen, parce qu'à un moment, il faut s'engager, il faut rentrer dans des discussions. Donc je pense qu'en amont de ce qu'on s'est dit, il faudra un jour réfléchir aux périmètres aussi à travers cette notion de responsabilité qui a un impact extrêmement important sur la valeur de l'accord collectif et de la négociation. Sur la question du lien entre statuts et notion de service public, je crois qu'on a déjà dépassé en partie dans certaines fonctions publiques ce sujet. Si on prend l'hospitalière, je me souviens à la CFDT quand on avait des débats, si vous disiez aux infirmières du privé qu'elles n'étaient pas au cœur du service public, c'était la panique dans le Conseil national parce qu'il y a déjà un service public organisé par le privé et le public, donc je pense que le sujet du statut est un sujet important, mais il est au service de l'organisation des politiques publiques. On a déjà des endroits où il y a des articulations, notamment dans la fonction publique d'État et pour certains points particuliers, mais cela ne suffit pas pour moi à définir si le dialogue social dans la fonction publique est efficace ou pas.

Ce sont les quelques points que je voulais partager. C'est un peu périphérique de ce qui a été dit, mais, à mon avis, on pourra évaluer la qualité de la négociation collective à l'aune de ces sujets. Ensuite, il reste vraiment des possibilités d'adaptation au quotidien, au travail, etc., qui sont extrêmement importantes, mais encore une fois, ce sera très vite limité si la question de la responsabilité économique n'est pas aussi en réflexion sur ce sujet.

Catherine Ribot : Je pense qu'on va avoir l'occasion effectivement de revenir sur ces points. Merci de nous avoir précisé tous ces éléments. Monsieur Soubirous.

Philippe Soubirous : Bonjour à tous et à toutes, je renouvelle les remerciements précédemment formulés, pour cette invitation. C'est toujours intéressant de confronter la théorie et la pratique. Je bouillais un peu en écoutant quelques propos universitaires, il faudra qu'on continue la discussion parce que je pense qu'on a beaucoup de choses à apprendre les uns des autres. Il y a des rencontres merveilleuses, c'est un plaisir. Quelques mots sur la fédération générale des fonctionnaires. Je suis un fonctionnaire de l'État, un ancien enseignant passé au ministère des Armées, quand on cherche de l'ordre on en trouve, et je m'occupe depuis vingt-cinq ans maintenant de dialogue social dans la fonction publique de l'État et sur les trois versants depuis la création du Conseil commun, donc un vrai apparatchik. Je ne ferai pas de seconde carrière, mais j'aurais bien aimé, s'il y avait eu des textes de VAE ad hoc. Trêve de plaisanteries, je pense que le sujet du dialogue social autour de la loi de transformation est majeur pour l'avenir de la fonction publique et la manière dont cette fonction publique va s'organiser. J'étais très heureux d'entendre ma voisine aborder le dialogue social européen et j'incite les étudiants qu'il y a dans cette salle à regarder le dialogue social européen pour les administrations. On a créé, j'en fais partie, il y a quelques années, le quarantième comité de dialogue social sectoriel pour les administrations de l'État en se posant la question suivante : qui est l'employeur quand l'État est aussi régulateur, et comment peut-on contracter avec quelqu'un qui agit au nom de l'intérêt général ? Nous y sommes arrivés avec notamment des binding agreements, c'est-à-dire, et c'est très surprenant, c'est avant la France, en arrivant à créer de la contrainte dans l'accord visant des agents publics au niveau européen. C'est paradoxal. Mais regardez tout ça de près parce qu'on a fait des jolis accords et qui ne repeignent pas la girafe, qui travaillent dans le dur. Alors, cette loi de 2019, on a

beaucoup écrit dessus, elle contient énormément de choses. Au sujet du dialogue social, elle est excessivement paradoxale. L'unanimité des syndicats a voté contre cette loi. Le grand paradoxe, c'est que la mise en œuvre de la négociation collective a abouti dans les deux premiers sujets proposés, le télétravail et la PSC dans la fonction publique de l'État, par des accords unanimes. Autant dire que j'en ai perdu mon latin.
Je disais à mon voisin (Jean-Louis Rouquette), quand il a eu la bonté de m'écouter lors des travaux de la mission dont il faisait partie, que je ne croyais pas un instant à l'existence de ce type d'accord dans la fonction publique, et j'ai été le premier à m'y engouffrer et à pousser mon organisation à signer. Qu'est-ce qui se passe à ce moment-là dans les syndicats de la fonction publique quand on leur offre quelque chose qu'ils ne voulaient pas ? Pourquoi ne le voulaient-ils pas ? On a parlé des accords de Bercy. Certains étaient pour, d'autres étaient contre. En même temps, on a un employeur entre les deux qui a été incapable d'aller jusqu'au bout de la logique de Bercy, qui aurait normalement voulu qu'on élimine des gens qui n'ont plus de représentativité, au point où j'invite le professeur Antonmattei à se pencher sur ce niveau de représentation, de représentativité qu'on a accordé dans la fonction publique à des organisations qui ont disparu ailleurs, en jouant non pas sur des pourcentages, mais sur des sièges, avec un siège qui vaut 3 %, alors qu'on parle de 8, de 10, de 12 ailleurs. Un jour, il faudra poser la question de la constitutionnalité de règles qui font que dans un même pays, des salariés, qu'ils soient du secteur public ou du secteur privé, ne sont pas représentés de la même façon et quand on fait le calcul, l'agglomérat de cette représentativité, on en vient à créer des conseils sociaux et économiques sur des bases qui sont complètement bancales. Je ferme la parenthèse pour dire que cette histoire d'accord et d'accord

collectif est extrêmement curieuse et intéressante, mais on s'est vraiment posé des questions, j'allais dire, fondamentales. Des accords contraignants pour qui et pourquoi dans l'espace statutaire qui est le nôtre ? Quand je dis le « pour qui », vous allez comprendre que ce n'est pas forcément les bénéficiaires qui ont le plus d'intérêts aux accords. Les acteurs étaient dans des postures qu'on a très bien décrites ce matin, dans le cadre des avis, de la concertation, le régalien : d'un côté, le syndicat très politisé, très émietté, et d'un autre côté, un agent qui de toute façon avait le bénéfice des lois et règlements qui étaient pris pour lui. Aujourd'hui, on a un employeur État, qui va dire : « Voilà un sujet à la négociation, la protection sociale complémentaire. » Avec des syndicats qui dans leur grande majorité ne sont pas preneurs du sujet, pas seulement pour des raisons politiques, c'est-à-dire la manière dont on organise la protection sociale en France, mais aussi parce que 95 %, voire un peu plus des agents de l'État sont couverts par une mutuelle. Il n'y a pas de sujet, et la politique salariale, les fringe benefits ne sont pas attendus par la fonction publique, même si on peut considérer, et je l'entends bien à propos de la territoriale, que l'attractivité passe aussi par ces éléments. Mais quand l'État nous propose quelque chose sur la PSC, il propose un objet politique : ce n'est pas la même chose que de prévoir un accord sur le temps de travail. Là, c'est quelque chose qui, pour le président Macron, est un vrai sujet politique. Pour les syndicats, c'est aussi de regarder l'intérêt qu'il y a à rentrer dans une signature. Ce n'est plus du tout la même posture que précédemment. Je le disais en aparté, il y a une semaine avant le 26 janvier, l'accord PSC État n'était pas majoritaire, alors même que le gouvernement avait accepté la totalité du panier de soins proposé par la CGT. Qu'est-ce qu'il se passe dans le jeu des acteurs ? C'est un jeu des acteurs totalement nouveau dans la fonction publique. J'y reviendrai.

Deuxième aspect qui a été évoqué ce matin : les CAP, les comités techniques, etc. Là, honnêtement, j'ai une nuance, je suis aussi un ayatollah du statut : le statut, cette chose marmoréenne, toujours notre discussion de tout à l'heure. D'accord. Sauf que pas plus le statut que le service public ne sont gravés le marbre, ce sont des constructions politiques, des choix. Il y a d'autres modes opératoires du service public qui sont tout aussi efficaces que les nôtres en Europe, et qui ne reposent pas sur les mêmes modalités d'organisation et les mêmes régimes d'emplois. Donc à partir de là, il faut qu'on regarde aussi les capacités de notre service public et de notre fonction publique à évoluer en fonction d'un certain nombre de tensions qui ont été évoquées. Comme le disait – je peux le dénoncer parce qu'il est presque en retraite aujourd'hui – mon ami Yves Chevalier qui a été chef de service à la DGAFP, il y a vingt ans, le statut n'est pas compatible avec la LOLF. Il avait raison : la manière dont on finance les corps, les grades, l'action publique, les ministères, etc., etc., ne pouvait plus être compatible avec ce statut qu'on a connu il y a vingt ans, qui était excessivement morcelé sur une construction ministérielle, avec des corps, etc. On a fait disparaître quelque part cette ancienne notion de corps à travers les fusions qui nous ont fait passer, en vingt ans, de 700 corps actifs, voire 900 corps avec les ayants droit, à 250 corps aujourd'hui, et avec des cadres quasi statutaires sur les trois versants de la fonction publique. C'est-à-dire que la manière dont on gère les corps faisait que l'avenir des CAP était condamné, les CAP telles qu'on les connaissait, pas les CAP de niveau qu'il y avait déjà dans la territoriale. Donc le lien qui existe entre ces CAP qui ne sont plus que des instruments de recours aujourd'hui, et une organisation sociale autour de la notion de l'entreprise, de la notion du service, de la notion de l'établissement, c'est quand même quelque chose qui s'apparente à une modernisation. D'un point de vue purement intellectuel, nous tombons d'accord sur le fait que ces évolutions qu'il y a dans l'organisation de la fonction publique induisent des évolutions dans les instances représentatives, et dans la manière dont on conduit le dialogue social.

Catherine Ribot : Je vous remercie. Il a beaucoup été fait référence au rapport de la mission Vigouroux-Esch-Rouquette. Nous avons la chance d'avoir à nos côtés aujourd'hui l'un de ses membres, monsieur Jean-Louis Rouquette.

Jean-Louis Rouquette : Merci. C'était un rapport fait par un triumvirat assez improbable, un triumvirat qui comprenait d'abord une syndicaliste membre du conseil économique et social, Marie-Odile Esch, ancienne responsable nationale pour la CFDT-fonction publique territoriale, un éminent juriste, Christian Vigouroux, ancien président de Section au Conseil d'État, et un modeste praticien, moi-même. J'ai été DRH pendant cinq ans au ministère des Finances, une petite PME de 140 000 personnes, à l'époque, et donc je pouvais apporter également ma propre expérience. Pour commencer, peut-être, trois observations, notamment en réaction aux interventions de ce matin.
D'abord, quand nous avons démarré notre mission, la première chose que nous avons faite est d'aller voir le directeur de cabinet du ministre pour lui dire : « Vous nous missionnez sur la question des accords collectifs, mais concrètement qu'attendez-vous de nous ? » Donc ce que le directeur de cabinet nous a dit, c'est : « Au fond, vous savez, dans l'habilitation législative, on a mis quelque chose sur

les accords collectifs, mais en réalité on n'a pas vraiment d'avis sur le sujet, faites ce que vous voulez. Si vous nous dites qu'il ne faut rien changer, nous, on ne changera rien, ce n'est pas un problème, sentez-vous libres. » Ceci pour dire qu'il n'y avait pas beaucoup d'intention par-derrière, et qu'on ne peut pas accuser sur ce point le gouvernement, d'avoir voulu conspirer au travers des accords contre le statut général de la fonction publique, puisqu'on aurait pu tout à fait dire : « Ne faites rien, ça ne sert à rien. »

Deuxième remarque, lorsqu'on a démarré notre mission et donc les auditions des différentes organisations syndicales, inutile de dire que vis-à-vis de certains, au tout début, l'accueil a été un peu frais. Les organisations syndicales que nous rencontrions venaient de se prendre deux réformes extrêmement impopulaires pour elles, qui étaient d'une part la fusion des comités techniques et des CHSCT, et d'autre part la réduction de format des commissions administratives paritaires. Donc quand on est venus leur dire « on va maintenant vous parler accord collectif », ils nous ont regardés avec un drôle d'air en se demandant si c'était du lard ou du cochon. La première chose qu'on leur a dite, c'est : « Attention, soyons clairs. Nous considérons que la fonction publique est dans un cadre statutaire et réglementaire, comme le disent les textes, et il n'est pas question d'y toucher quoi que ce soit. » Notre propos n'est absolument pas de substituer la convention collective au caractère statutaire et réglementaire de la fonction publique.

Mais, une fois qu'on a dit ça, ce qui fait le cadre de travail, le cadre de vie du fonctionnaire dépasse extraordinairement largement le domaine purement statutaire et réglementaire, et les textes pris en application du statut. Tout ce qui fait vos règles de promotion, vos règles d'avancement, vos règles de mutation, tout ce qui va faire qu'effectivement on va

mettre en place un plan d'égalité professionnelle, que sais-je encore, quantité de sujets ne relèvent pas directement, en réalité, du domaine statutaire, ils relèvent de quoi ? Ils relèvent aujourd'hui du domaine de compétence de l'employeur qui, par voie de mesures unilatérales, règle aujourd'hui ces questions. Notre propos dans ce rapport, dans le cadre de notre proposition, ça a été de dire qu'il y a un certain nombre de choses qui aujourd'hui relèvent de l'acte unilatéral de l'employeur, qui pourraient relever d'autre chose, qui serait un accord collectif et qui aurait la même portée que cet acte unilatéral. Mais il ne s'agit pas, encore une fois, de chercher à corroder progressivement le domaine du statut pour le remplacer par quelque chose qui serait purement conventionnel.
Dernière remarque, on a dit ce matin qu'on risquait d'aller vers une forme de fragmentation des règles de la fonction publique. Je l'entends bien, mais y a-t-il vraiment quelque chose de nouveau sous le soleil ? Je n'en crois pas un mot. On n'est pas du tout géré de la même manière aujourd'hui à Suresnes à Saint-Bougnard-les-Olivettes, on n'est pas géré également de la même manière dans une direction des finances publiques ou dans une préfecture, au ministère de l'Agriculture ou au ministère des Armées. Donc d'ores et déjà aujourd'hui il existe de grandes différences dans les règles de gestion des différentes entités employant des fonctionnaires. Est-ce que c'est un bien, est-ce que c'est un mal ? C'est un mal si ça dépasse certaines limites, mais en réalité chaque administration, chaque entité a à la fois sa culture et ses métiers qui ne sont pas les mêmes. On ne va pas gérer de la même manière un policier qu'un inspecteur des impôts, c'est tout à fait compréhensible. Donc chacun a ses règles, et c'est donc de ce point de vue que ces règles se matérialiseront demain par un acte unilatéral de l'employeur ou éventuellement par un accord collectif qui aura la même portée que cet acte unilatéral. Je ne pense pas

que ça modifie fondamentalement le paysage. Maintenant, il faudra en faire le bilan dans quelques années, j'en suis bien conscient. Je voulais commencer par ces quelques remarques pour rebondir un petit peu sur la discussion ou les présentations qui ont été faites ce matin.

Le premier constat que nous avons fait quand nous avons commencé la mission, ça a été de se dire : « Mais au fond, on passe son temps dans l'administration à palabrer, on passe son temps à discuter avec les syndicats. » Moi, au bout de cinq ans de fonction en GRH, j'ai essayé un bref instant de me dire : « Je vais m'amuser à calculer le nombre de comités, de groupes de travail que j'ai présidés pendant ces cinq années. » J'ai fini par arrêter à la deuxième année parce que c'était vertigineux, et tout ça pour ça, tout ça pour signer en tout, en cinq ans d'activité, deux accords. Pourquoi est-ce qu'effectivement, en passant son temps à négocier ou à concerter dans la fonction publique, on n'arrive jamais à conclure avec les organisations syndicales ? C'est à ça, c'est à cette question qu'on a essayé de répondre. Le premier élément de réponse, c'était de se dire : « Au fond, le produit accord collectif tel qu'il a été conçu en 2010, il n'est pas très sexy. » C'est vrai qu'avoir réussi cette performance de créer un truc extrêmement détaillé dans les textes avec des règles d'approbation bien précises qui n'a absolument aucun effet juridique, c'est quand même effectivement une assez belle performance. Donc on s'est dit : l'un des éléments de réponse à la problématique que j'évoquais, c'est effectivement de rendre l'accord collectif un peu plus désirable pour inciter à aller vers la conclusion, aussi bien côté employeur que côté organisations syndicales. Donc, il faut augmenter la valeur de l'enjeu que constitue l'accord collectif. Ça, c'était le point essentiel de notre rapport. On a effectivement essayé de décrire les domaines, les procédures, les modalités, comment ça peut vivre, etc. Ceci étant, on a vite été conscients que ça ne suffisait pas.

Effectivement, il faut mettre en place un certain nombre de processus, aussi vertueux que possible, pour inciter les acteurs à aller vers l'accord. Qu'est-ce qui fait qu'aujourd'hui on ne va pas vers des accords ? Manque de culture, aussi bien côté employeur que côté organisations syndicales ; côté organisations syndicales, c'est vrai qu'on a aussi beaucoup de syndicats qui ont une culture de la confrontation et du rapport de force qui ne les amène pas spontanément à des signatures d'accords, et qu'on a aussi du côté des employeurs à la fois une certaine réticence à aller vers la négociation parce qu'on se fait engueuler à longueur de journée, donc ce n'est pas très agréable, et surtout il n'y a pas beaucoup de formations pour ça. Dans quelle école de la fonction publique est-on véritablement formé au dialogue social ? C'est-à-dire à apprendre le cadre du dialogue social, apprendre aussi ce que sont les syndicats, leur fonctionnement, leurs habitudes, leurs traditions, et apprendre à négocier. On vous apprend dans certaines écoles à résoudre des conflits, à faire face à des situations de crise, mais la négociation, ce n'est pas une situation de crise, c'est une situation normale et courante. Ce sont des choses qu'on n'enseigne pas. Il y a tout un ensemble de points sur lesquels on a essayé d'insister dans la dernière partie de notre rapport sur lesquels il faut nécessairement investir un peu si on veut aller plus loin dans la dynamique de conclusion des accords sociaux.

Catherine Ribot : Merci beaucoup monsieur Rouquette. Monsieur Nys.

Olivier Nys : Bonjour à toutes et à tous. Merci avant tout de m'avoir invité et à travers moi l'administration montpelliéraine. Quand on réunit le CCAS, la ville et la métropole, cela représente à peu près 8 000 agents, ceux qui sont au service du territoire de Montpellier et de ses citoyens. N'hésitez pas à réitérer, n'hésitez pas à nous inviter régulièrement aux manifestations universitaires de Montpellier, nous essaierons d'être présents comme on l'est aujourd'hui. La table ronde qui était autour de la perception de la réforme pour les acteurs du dialogue est composée à la fois de personnes qui ont fait la réforme, d'autres qui l'ont analysée et commentée, et il y a ceux qui l'appliquent. Je fais partie, vous l'avez compris, de cette dernière catégorie, et je vais rester à ce niveau-là, parce que je ne pourrai en parler que sous cet angle-là. Après, je pourrai en parler de deux manières, soit je la dégomme, ce qui est un art français plutôt bien établi, soit j'essaie un peu de la positiver. J'ai choisi de faire plutôt la deuxième chose, vu que je pense que la première partie a déjà bien été faite.

Je vais le faire sous deux angles. D'abord, les instances. Très clairement cette réforme touche les trois principales instances, je ne sais pas si c'est toujours des instances du dialogue social, en tout cas, c'est des instances paritaires pour certaines : CAP, CT et CHSCT. La première structure touchait en gros à l'individu, à l'agent, la deuxième, à l'organisation, au collectif, la troisième aux conditions de travail. Clairement, les CAP ont été démonétisées, ça, c'est clair. Vous auriez dû le dire ce matin, elles ont un peu été dévitalisées, elles sont passées d'une instance d'avis, de partage à une instance d'appel qui effectivement a perdu de sa force, c'est certain. La deuxième instance, qui est le comité social territorial, résulte de la fusion du CT et du CHSCT. Sur le papier, c'est critiquable, pour autant je vous avoue que ces dernières années, à la demande parfois des OS, nous avons réuni de manière commune CHSCT et CT sur un certain nombre de dossiers, de sujets, parce que finalement c'est très imbriqué. Quand on parle d'organisation, nécessairement ça touche aux conditions de travail ou aux risques psychosociaux qui peuvent en découler, et c'était, je le répète, bien souvent à la demande des OS. Donc c'est une instance qu'il reste évidemment à faire vivre, à animer, mais il ne faut pas jeter le bébé avec l'eau du bain. En tout cas, ce sera à nous de la faire vivre. Et il y a quelques vertus qui l'accompagnent, notamment effectivement des aspects de formation obligatoire, vous en parliez à l'instant, pour les membres qui pourront s'enrichir et enrichir leur pratique. Mais je le dis, et il me semble que cette loi, si on veut la lire positivement, renvoie à quelque chose qui est quand même très sous-jacent, et je vous parle aux termes de 23 ans de direction générale de différentes collectivités : c'est que le dialogue social ne se joue pas dans les instances, il ne se joue surtout pas dans les instances. Les instances, c'est des figures imposées, donc il se joue ailleurs.

Réformer les instances, bien sûr qu'on peut y passer beaucoup de temps, mais ce qui est important, c'est surtout ce qui est en amont ou en aval des instances. Là, pour le coup, le texte n'est pas inintéressant. D'abord, il nous rappelle effectivement que le dialogue social, aujourd'hui, c'est autre chose que la simple relation formalisée dans des instances entre des organisations syndicales, des représentants du personnel, plutôt, et un employeur. Le dialogue social, si on veut vraiment concerter, si on veut vraiment co-produire, ce qui ne veut pas dire co-décider nécessairement, ça se joue énormément en amont. Il faut donc créer des temps de dialogue social réguliers, permanents, ou conjoncturels sur une grosse réforme. C'était le cas ces derniers temps avec la réforme des 1 607 heures ou encore du RIFSEEP. Évidemment que ça ne va pas se jouer en comité technique. Il faut que ça se joue dans les semaines qui précèdent, au cours de réunions préparatoires, partagées avec les organisations syndicales, ce qu'on a déjà commencé à faire et qu'on va poursuivre jusqu'au vote de la délibération, et en amont sur le passage en comité technique. Deuxième chose, il faut se dire aussi que si le dialogue social se fait certes avec les organisations syndicales, nous sommes au XXIe siècle. Comme aujourd'hui on a une démocratie participative qui prend de plus en plus le pas sur une démocratie représentative, il n'y a qu'à voir le taux d'abstention aux dernières élections, on a aujourd'hui clairement un dialogue social participatif à côté d'un dialogue social représentatif. Je veux dire par là que dialoguer avec les agents, c'est à la fois dialoguer avec les organisations syndicales et leurs représentants, mais c'est aussi dialoguer avec tout le personnel. On est au XXIe siècle, ce n'est pas compliqué de concerter, j'ai 8 000 agents, ce n'est pas 150 000, on peut interpeller les 8 000 agents. Et aujourd'hui, un projet d'organisation, fût-il de la plus grande direction de la collectivité – par exemple la direction éducation qui concerne 1 600 personnes – c'est un projet qui doit bien sûr embarquer les 1 600 personnes. Et si ce projet d'organisation réussit, ce n'est pas parce qu'on aura nécessairement retrouvé un « deal » avec les organisations syndicales, c'est parce qu'on aura trouvé un deal avec tous les agents de la direction. Donc on ne peut pas aujourd'hui pérenniser un dialogue social du début du XXIe siècle, qui est « un peu empoussiéré et suranné » alors même qu'évidemment on est au XXIe siècle, et qu'on en prend toute la mesure. La troisième chose, c'est que cette loi a obligé à prendre les lignes directrices de gestion, à adapter des lignes directrices de gestion. Ces lignes directrices de gestion consistent, en gros, à poser quelques grands objectifs, quelques grands marqueurs d'une politique RH. Évidemment, dans certaines collectivités très mûres, sûrement à Suresnes, par exemple, qui était très mûre sur la politique de ressources humaines, le management des ressources humaines et sur le dialogue social, il n'y a pas de plus. Mais dans 90 % des collectivités locales, adopter des lignes directrices de gestion a été un temps, ou sera un temps de réflexion et de partage avec les OS où on va partager des grands objectifs de politique RH, on va les poser, on va les évoquer parfois pour la première fois. Pour la première fois. Évoquer la trajectoire, la GPEC, la trajectoire pluriannuelle des agents, l'évolution professionnelle dans le temps, pour certaines collectivités, c'est une première. Il n'y a pas une collectivité en France qui a une vraie et belle GPEC. Il y a peut-être Suresnes, je ne sais pas. Mais aujourd'hui, on est très immatures sur cette constitution. Je ne connais pas la fonction publique d'État, mais je pense peut-être que certains des symptômes pourraient être partagés sur cette question. Pour la première fois, on a des lignes directrices de gestion qui nous obligent à réfléchir et à poser des balises sur ces sujets-là, c'est majeur. Pour finir, je vais prendre un exemple très précis sur les promotions et avancements, qui effectivement ont été des figures imposées des CAP, qui ont disparu des CAP, pour basculer au sein des lignes directrices de gestion. Là aussi, j'ai fait cinq, dix directions générales différentes, dans des collectivités différentes. Les promotions et avancements CAP, c'était des négociations qui dérapaient souvent dans le partisan. Or, les lignes directrices de gestion permettront l'objectivation des promotions, des avancements. À Montpellier, on a échangé là-dessus avec les organisations syndicales et leurs représentants pendant des semaines, on est arrivé à une grille assez traditionnelle de cinq critères, on a appliqué cette grille cette année pour la première fois en avancement et en promotion.

Cette grille a permis d'extraire un classement des avancées et des promus. Il n'y a pas eu une seule contestation. Je trouve que l'objectivation de l'avancement et de la promotion, ce n'est pas rétrograde, ce n'est pas un recul. La fin d'une négociation très partisane, il ne faut pas se le cacher, c'est plutôt positif. Certes, ça a démonétisé la CAP, parce que ça ne se passe plus en CAP. Je trouve que poser des règles comme les lignes directrices de gestion l'ont exigé, ça a permis, sur ce sujet des avancements et des promotions, de faire un pas dans une collectivité où honnêtement on était peut-être un peu surannés sur ces questions-là.

Catherine Ribot : Merci beaucoup, monsieur Nys. Y a-t-il des remarques, des observations du public ?

Première question : Votre intervention, monsieur Nys, m'inspire cette interrogation. Le dialogue social, c'est aussi penser la condition des agents, et est-ce que vous pensez, mais la question s'adresse à tout le monde, que si ce dialogue social est réussi, ça permettra, ça incitera une participation plus importante aux élections professionnelles, quand on voit que cette participation décline dans la fonction publique aussi ?

Béatrice de Lavalette : J'ai dit qu'à Suresnes, nous étions 10 % au-dessus de la moyenne nationale, et la moyenne départementale, pour ce qui est de la participation aux élections. Donc je pense que dans la politique très riche de dialogue social que nous avons mis en place depuis 2008, parce que ça n'a pas toujours été comme ça, les acteurs sont très importants. Effectivement, on avait un maire qui était là depuis très longtemps, depuis 37 ans, mais avant que je n'arrive, la CGT boycottait les comités techniques, il y avait des grèves permanentes et ils étaient en procès avec le DGS. Donc ce n'est pas immuable. Aucun accord n'avait jamais été signé, c'était pareil à la région Île-de-France, quand je suis arrivée, il n'y avait jamais aucun accord de signé, on n'était pas du tout dans cette culture d'accord. Le fait qu'on ait une participation très forte pose la question de la formation que nous traitons pour les différents syndicats à Suresnes, dans le cadre de cette charte, et des formations d'excellence qui sont associées, je pense à Sciences Po, à l'ESSEC, à la Sorbonne. Certains collègues, représentants d'employeurs, qui m'ont dit : « Mais tu es folle de leur donner le meilleur en matière de formation, ils vont mieux négocier contre toi. » Non, il faut faire le pari, au contraire, de la confiance et de l'intelligence, il faut ouvrir le milieu à ces représentants syndicaux. La preuve, on a signé 38 accords, comme je l'ai dit, j'ai signé avant-hier mon trente-huitième accord en quelques années, mais ce n'est pas du tout la culture dans les collectivités locales. En général, je suis au regret de vous dire, que bien souvent, pour certains, ça se résume au passage devant ces instances qui sont purement formelles, et il n'y a pas de véritable dialogue social à côté. Bien souvent il y a d'ailleurs de moins en moins d'élus aux ressources humaines au dialogue social, soit c'est le maire lui-même qui fait office et il n'a pas le temps de s'en occuper, soit c'est un élu aux finances, maintenant c'est résumé dans un grand pôle ressources. On appelle ça « ressources », donc c'est à la fois ressources humaines et finances. Non, ce n'est pas la même chose. Les ressources humaines et les finances, ce n'est pas la même approche, ce n'est pas le même prisme.

C'est une question pernicieuse, totalement. C'est vrai, après il faut s'interroger sur l'intérêt des agents à aller voter. Ils vont voter pour un produit du dialogue social, quel est ce produit ? Je ne sais pas par rapport aux accords, parce que les accords sont encore trop récents, et ils sont très peu sonnants et trébuchants, comme ça a été dit. Par contre, ce que je sais, c'est ce qu'on faisait dans l'Éducation nationale que je connais très bien, c'était un syndicalisme construit sur du corporatisme et du clientélisme, et aussi un mode de gestion qu'on appelait la co-gestion, ça a été beaucoup dit. Mais qu'est-ce qu'il y avait derrière ? Il y avait aussi le fait que pratiquement le syndicalisme donnait à l'agent un certain nombre de bénéfices. Est-ce que ces bénéfices seront toujours là dans le cadre de la négociation ? On y reviendra tout à l'heure si vous me redonnez la parole sur la PSC, il y a du sonnant et du trébuchant s'il y a de la réalité, oui. Pour l'instant, on est dans cette phase de flottement qui fait, tant au niveau politique, peut-être, qu'au niveau syndical, que la représentation est interrogée quant à ses fruits, à ce qu'elle apporte à l'électeur.

Laurence Laigo : Dans la continuité de ce qui vient d'être dit, il est vrai que le contexte dans lequel on est, est aussi celui de la défiance qui dépasse largement le vote aux élections professionnelles, et donc évidemment il y a des impacts. La visibilité de ce qui est négocié est un enjeu, j'en suis persuadée, pour avoir passé des heures en CAP dans l'Éducation nationale. Je me souviens à l'époque qu'on arrivait et on disait : « Untel va là. Untel va là. » Il fallait être syndiqué, et c'était nous qui faisions tous les entretiens avec les salariés parce qu'il n'y avait pas de DRH, parce que la notion RH est encore un enjeu dans la fonction publique. Il y a plein d'endroits où il n'y a pas de managers, au sens encadrement, je veux dire. Donc c'est vrai qu'on est encore à la croisée des chemins, mais que le fait d'avoir une proximité avec ce qui est le produit du dialogue social, et qu'en plus ça se rapporte à des enjeux du quotidien – et pas uniquement à des enjeux politiques très éloignés de ce que vivent les agents – je pense que c'est extrêmement important, avec l'idée de gérer l'agent dans son environnement, dans la proximité qui peut être très différente entre la campagne, la ville, la pénitentiaire, l'Éducation nationale. C'est un élément important. Je voulais juste revenir sur les rituels. C'est vrai que la loi est obligée d'installer des rituels, des garde-fous, ce sont ces fameux comités, etc., et puis ensuite le dialogue social, à côté de ça, c'est aussi la négociation collective et tout ce qui se fait de façon informelle. Dans les évaluations des ordonnances, ça a été évoqué, on a fait une recherche. Ce qui ressort, on travaille avec des praticiens, c'est qu'en fait il y a peut-être moins de temps dans ces fameux comités sociaux et économiques, mais qu'il y a beaucoup plus de temps pour que les comités sociaux soient efficaces, se passent bien, et donc en fait les DRH nous disent qu'il y a un déport sur tout l'informel, et qu'en fait ils y passent presque plus de temps, les élus aussi, quand ça se passe bien. Le dialogue social, il faut considérer que c'est une dynamique, que ce n'est pas uniquement les rituels, et en ça je pense qu'il y a un enjeu dans la fonction publique qui n'a pas cette culture, ça a été dit très justement par monsieur Rouquette, indépendamment de la volonté. L'efficacité se fera aussi par le développement de pratiques qui ne sont pas uniquement celles imposées par la loi, mais qui font que celles imposées par la loi se passent bien, se passent mieux, et aboutissent à des résultats. En ça, la question de la formation et de l'accompagnement est primordiale, mais aussi la question de la gouvernance. Vous parliez monsieur Nys du dialogue social participatif, ce que vous évoquez pour moi, ce n'est pas complètement ça, mais on pourrait en parler.

Il y a des choses, c'est vrai, qui viennent dans le cadre du dialogue social dans les instances qui devraient être réglées soit par des managers, soit par des gens qui s'occupent du quotidien des salariés, encore faut-il qu'il y en ait, encore faut-il qu'il y ait une forme de culture managériale qui se développe, c'est-à-dire qu'on règle, on n'attend pas les instances, et qu'on a des interlocuteurs pour régler les problèmes. Il y a un vrai problème de gouvernance dans la fonction publique qui est dû à ce côté pyramidal, à l'histoire. On va trouver des choses un peu différentes dans l'hospitalière, dans certains services, mais la logique managériale est très éloignée de beaucoup d'agents qui n'ont pas d'interlocuteurs pour gérer les questions du quotidien. Du coup, c'est ce qui fait aussi qu'un type de syndicalisme s'est développé. On va voir le syndicat, et c'est lui qui va porter ce sujet-là dans les comités, et donc cela va participer aussi à faire qu'on revient beaucoup sur de l'individuel. Si on veut que le comportement des organisations syndicales change, déjà, en passant de l'individuel au collectif – ce qui va, je pense, évoluer – il faut aussi qu'il y ait des interlocuteurs qui prennent en charge des choses du quotidien, et qu'on n'attende pas que les gens soient épuisés, passent par des syndicats et que ça remonte à travers des formes d'expression qui n'aident pas à ce qu'on ait une fluidité au quotidien. Au travers de cet enjeu de gouvernance, je l'appelle comme ça pour ne pas dire management, c'est tout l'écosystème de la fonction publique qui est questionné ainsi que sa régulation. Le dialogue social ne peut être qu'un élément de régulation des relations sociales dans un espace qui doit évoluer aussi en termes de prise en charge des salariés. J'ai fait une mission pour les services du Premier ministre « Haute fonction publique et management », je peux vous dire, il y a de quoi se rouler par terre. Il y a des gens pleins de bonne volonté, encore une fois, mais ça reste du slogan parce qu'il n'y a pas cette espèce d'écosystème décliné qui fait qu'il y a des interlocuteurs pour chaque échelon de problématique sociale.

Valérie Brunier (directrice d'hôpital) : Je me sens un peu isolée, mais les échanges sont très intéressants, et en vous écoutant, me vient une question qui me pose beaucoup de problèmes, c'est le rôle des acteurs. Dans la fonction publique hospitalière, on est très peu syndiqués, voire pas du tout, même si on mobilise des professionnels aux élections professionnelles autant qu'on peut en mobiliser, la représentativité est faible par rapport au nombre d'agents, puisque tous les hôpitaux sont constitués de beaucoup d'agents, et effectivement, on va dans les services, on va voir les agents, surtout en cette période, c'est important, et on nourrit le dialogue social, parce que c'est notre façon de fonctionner pour avoir la paix sociale, et pour que les professionnels puissent continuer à fonctionner. On a énormément de réunions et d'instances de discussion avec les cellules de crise. Je ne vous passerai pas les cellules de crises qu'on a au niveau local, territorial, régional, etc. Bref, le dialogue, je pense qu'il existe. Mais on a un vrai problème de représentativité, c'est-à-dire que demain, comment va-t-on conduire des négociations collectives avec des représentants de syndicats qui ne fédèrent pas la grande majorité des professionnels, et effectivement, qui sont plus identifiés pour gérer des situations individuelles ? Alors, là, il n'y a pas de souci, j'ai été DRH dix ans, il y a un vrai lien avec les syndicats pour gérer des situations individuelles, ce n'est pas un souci, mais quand il s'agit de se mettre autour d'une table pour réfléchir à un problème collectif ou à un sujet collectif, là, je pense qu'il y a un problème de dialogue social entre syndicats et agents. On n'arrive pas à avoir des sujets qui fédèrent tout le monde, et c'est là où, je pense, il y a une différence entre le dialogue social qui existe heureusement, et les problèmes de collectif pour traiter des sujets précis dans le cadre, justement, de ce type de réunion. J'ai du mal à voir comment le construire aujourd'hui pour que ça ait un vrai impact, parce que des discussions, on pourrait en avoir, des négociations aussi, on n'a pas attendu 2021. En tant que DRH, ça rentre dans notre quotidien, parce qu'on est obligés à l'hôpital d'avoir la paix sociale. C'est notre feuille de route. Vous êtes DRH dans un hôpital, votre directeur va vous demander la paix sociale, ce qui est normal parce que pour bien travailler, on ne peut pas être parasités par des problèmes sociaux, avec tout ce qui se passe et le désenchantement qu'il y a dans les hôpitaux, ce n'est pas quelque chose de simple, mais des manifestations locales, moi, personnellement, je n'en ai jamais connu. Donc il faut être dans le dialogue et ce dialogue existe. Mais construire des projets ensemble, ça, c'est beaucoup plus dur parce que les gens sont très corporatistes. On a les médecins qui ne se mélangent surtout pas aux non-médecins. Vous ne pourrez jamais faire une réunion avec tous ces acteurs. J'en rêve, faire un CHSCT médical, paramédical, c'est préconisé. Les CSE, on a proposé que les CME rejoignent les CSE. Moi, je défie quiconque d'y arriver. En tout cas, moi, je n'en ai pas la capacité, je n'y arrive pas. Et donc il y a toute cette organisation qui peut avoir du sens si elle est collective, mais qui, dans un monde complètement balkanisé me paraît très compliquée à mettre en place. Donc ce rôle des acteurs, je pense que c'est vraiment un défi qu'on n'a peut-être pas assez évoqué jusqu'à présent. Peut-être que ça viendra.

Jean-Louis Rouquette : Il est incontestable qu'il y a une désaffection des organisations syndicales, c'est-à-dire qu'effectivement il y a de moins en moins d'agents syndiqués au sens classique du terme, on voit également une certaine érosion dans la participation aux élections professionnelles, même si en tout cas, c'était le cas aux finances, on avait quand même des taux assez élevés. En revanche, j'ai toujours été frappé par une donnée ou une information qui apparaissait dans les observatoires sociaux qu'on faisait régulièrement au ministère : c'est que malgré cette désaffection des syndicats, les agents accordent une grande confiance à l'information qui leur vient par les organisations syndicales. De ce point de vue, les messages qui sont véhiculés par les organisations syndicales sont toujours lus avec beaucoup d'attention et pris avec beaucoup de crédibilité par les agents qui les reçoivent. Et dans beaucoup de cas, d'ailleurs, l'information la plus précise qui leur vient sur tel ou tel élément de politique ministérielle va leur arriver d'abord par les tracts syndicaux avant même que ça ne parvienne par l'information officielle de l'employeur. Donc c'est pour ça, je pense, que cette dimension de dialogue social est absolument essentielle, et qu'il est également essentiel pour l'employeur, chaque fois qu'il le peut, de s'assurer, je dirais, de la compréhension, voire de la participation des organisations syndicales. Il ne s'agit pas du tout de considérer que les syndicats deviendraient une forme de courroie de transmission de l'administration, ce serait vraiment une vision très péjorative des choses, mais il est clair qu'une politique publique ne sera pas menée de la même manière ni avec la même efficacité, selon qu'elle est menée contre les organisations syndicales ou selon qu'elle est menée avec leur assentiment, que ce soit formalisé ou non formalisé par un accord.

Ce que je voulais dire, c'est que la réforme de structure ne va pas donner la maturité aux acteurs, ça ne va pas changer du jour au lendemain, et c'est assez normal d'ailleurs. Encore une fois, les structures, ce sont des garde-fous, des endroits où on signifie les choses, où on a des PV, on officialise, mais la vraie transformation, c'est celle des acteurs, et justement c'est le sujet aujourd'hui. Faut-il encore modifier la loi ou faut-il plutôt accompagner les acteurs, mettre des moyens sur des choses qui sont la formation, toutes ces questions-là ? Moi, je crois que c'est le cas. On ne peut pas transformer un modèle de dialogue social qui a été en place depuis très longtemps, qui a été basé sur de l'individuel et le faire passer du jour au lendemain, parce qu'il y a une loi, à autre chose. Donc il faut que les comportements changent. Quand vous êtes dans un environnement où la culture de la négociation n'est pas quelque chose avec lequel on a grandi, c'est quelque chose qui met beaucoup de temps. Je veux juste donner quelques exemples, mais j'ai fait aussi de l'accompagnement d'entreprise, et j'ai pu constater dans un certain nombre de cas que les négociateurs ne savent pas négocier, la négociation, c'est très très dur. Pourquoi ? Parce que la gouvernance dans ces entreprises reste pyramidale.

Donc je reviens à l'idée qu'à un moment, négocier, c'est responsabiliser, c'est demander de l'engagement. Donc il faut trouver des objets où vraiment vous vous mettez autour de la table, et vous allez arracher quelque chose. S'il n'y a rien à arracher, au bout d'un moment, vous n'allez pas demander aux gens de s'intéresser au dialogue social, en particulier les syndicats, à partir du moment où ils savent très bien, c'est des gens très compétents, qu'ils ne peuvent pas transformer leur quotidien. Donc il y a un enjeu aussi à travers ce qu'on peut produire pour redonner de l'intérêt au dialogue social. Je pense que de toute façon ça va prendre du temps, et encore une fois, s'il n'y a pas une réflexion sur la gouvernance et sur l'écosystème qui permet le dialogue social, et reste classique, et qu'on demande aux gens de se mettre à la culture de négociation, on le voit bien par rapport aux pays qui ont cette culture, ce n'est pas du tout le même type de leadership, pas du tout le même type de fonctionnement humain, etc. Sur ces points, il faut qu'on soit très lucide, ce n'est pas critique, mais la transformation des environnements très hiérarchisés, verticaux, et leur passage à des choses plus horizontales, à la négociation, c'est quand même un challenge, un changement de culture.

Béatrice de Lavalette : Un mot là-dessus. Ça veut dire qu'il faudrait véritablement changer de paradigme. Louis Gallois qui disait, quand il a fait un rapport dans les années 2010, que le dialogue social était le véritable carburant de l'économie. Mais qui pense ça en France ? Quand vous regardez des enquêtes, il y a une très forte majorité des Français affirmant que le dialogue social est défaillant, et en même temps ils aspirent à un dialogue social. Et regardez la confiance dans les enquêtes, la confiance dans les syndicats, elle est extrêmement faible. J'ai vu les chiffres, elle est extrêmement faible. Donc il y a véritablement à changer de paradigme. Comme je l'ai dit une fois, comme vice-présidente du dialogue social, je suis allée faire une mission dans les pays d'Europe du Nord, je suis allée au Danemark, je suis allée en Suède, je suis allée aux Pays-Bas, je suis allée en Allemagne, et on voit qu'il y a un lien très net, c'est d'ailleurs le titre du rapport, entre qualité du dialogue social, croissance, compétitivité. Je rappelle que nous sommes encore classés 92e au forum de Davos pour la qualité de notre dialogue social. Et dans les dix premiers, vous voyez ces pays d'Europe du Nord, à la fois classés dans les dix premiers, pour leur dialogue social, mais aussi pour leur compétitivité et l'emploi. Donc on pâtit très fortement sur le plan économique de la très piètre qualité de notre dialogue social, donc ça, il faut changer, mais des deux côtés. C'est une vraie révolution à faire.

Catherine Ribot : Je comprends bien ce que vous dites quand vous parlez de changement de paradigme, changement de culture, peut-être pas une révolution culturelle, mais en tout cas un changement culturel. Plusieurs fois, je crois, ce matin a été prononcé le terme d'évaluation. Effectivement, ce serait nécessaire, mais dans beaucoup de domaines. Là, nous parlons du dialogue social. Effectivement, il est essentiel d'envisager la manière dont on peut évaluer, en positif ou en négatif, discuter, les réformes qui sont pensées peut-être pour mieux préparer d'autres transformations.

Réforme du dialogue social et gestion des ressources humaines dans la fonction publique

Ludivine CLOUZOT
Maître de conférences HDR à l'Université de Montpellier (CREAM)

L'étude des conséquences de la réforme du dialogue social sur la gestion des ressources humaines paraît incontournable lorsqu'il s'agit d'analyser les effets de la loi Dussopt. En effet, ces deux notions sont au centre de la loi du 6 août 2019, dont les deux premiers titres affichent respectivement l'ambition de « promouvoir un dialogue social plus stratégique et efficace[1] » et de « transformer et simplifier la gestion des ressources humaines[2] ».
Si elles sont au cœur de la loi, les ressources humaines sont également au centre du discours politique qui a accompagné la réforme. On s'en rappelle, le texte a été fréquemment présenté, selon des éléments de langage désormais traditionnels, comme une « boîte à outils » mise à disposition des « managers » afin de leur permettre de disposer de « leviers [3] » pour disposer de plus de « souplesses » dans la gestion de leur personnel.

---

[1] Le Titre I de la loi est ainsi intitulé « Promouvoir un dialogue social plus stratégique dans le respect des garanties des agents publics ».
[2] Le Titre II de la loi est, quant à lui, intitulé « Transformer et simplifier la gestion des ressources humaines ».
[3] Exposé des motifs du projet de loi de transformation de la fonction publique, p. 1 : « cette transformation doit également être l'occasion de conforter et responsabiliser les managers publics en développant les leviers qui leur permettront d'être de vrais chefs d'équipe [...]. Enfin,

En se positionnant de la sorte et en concentrant son attention sur les instruments de la transformation sans véritablement en esquisser les finalités[1], le législateur a poursuivi avant tout la logique classique de réduction de la masse salariale[2] pour transformer la fonction publique, ce qui est probablement l'un des écueils majeurs du texte. Pour autant, bien que la méthode adoptée par le législateur en 2019 pour réformer la fonction publique suscite de nombreuses interrogations et critiques[3], cette loi amène à s'interroger sur les politiques actuelles de ressources humaines dans les administrations, ce que rappelait son étude d'impact en indiquant que « le développement d'outils en matière de politique de ressources humaines plus performants constitue des priorités[4] ».
Dans ce contexte, c'est par la voie du dialogue social notamment, que le législateur a entendu affermir la définition et la mise en œuvre des politiques de ressources humaines dans les administrations comme en témoigne la reformulation du principe de participation par la loi qui consiste désormais notamment en la « définition des

---

la recherche de nouvelles souplesses, de capacités d'innovation et de réactivité dans les organisations de travail apparaît indispensable pour améliorer la qualité du service public et garantir sa présence au plus près des territoires ».

[1] L. Rouban, « La réforme de 2019 fait-elle émerger un nouveau modèle de fonction publique ? », *Dr. social* 2019, p. 21 et s. – F. Melleray, « La loi du 6 août 2019 fera-t-elle date ? », *AJDA* 2019, p. 2372 et s.

[2] R. Sampognaro, « La fonction publique sous pression budgétaire », *Dr. social* 2019, p. 1029 et s.

[3] C. Giraudet, « La fonction publique après la loi du 6 août 2019, une métamorphose en quête de sens », *RDT* 2019, p. 628 – P. Soubirous, « La loi de transformation de la fonction publique : une étape franchie vers la privatisation de l'emploi public », *Dr. social* 2019, p. 1044 et s. – A. Taillefait, « Transformer n'est pas bifurquer : à propos de la loi Dussopt », *AJFP* 2019, p. 314 et s.

[4] Étude d'impact du projet de loi, p. 17.

orientations en matière de politique de ressources humaines[1] ».

L'enjeu est réel tant l'impasse dans laquelle se trouvent ces deux objets du droit de la fonction publique est souvent pointée du doigt par les observateurs, avec une pointe de fatalité.

En panne, le dialogue social dans la fonction publique serait freiné par des blocages intrinsèques liés à des effets de postures des différents acteurs et à une pratique trop mécanisée de la consultation des instances de dialogue qui se ferait au détriment du traitement de fond des sujets abordés. Les politiques et pratiques de ressources humaines des administrations[2] peineraient, quant à elles, à affirmer leur dimension stratégique, condition première d'une gestion dynamique des personnels. L'on se souvient ainsi du constat sans appel dressé par les rapports Pochard de 2003[3], Silicani de 2008[4] et, dans une moindre mesure, Pêcheur de 2013[5] sur cette question, lesquels dénonçaient avec plus ou moins de vigueur une gestion rigide, à court

---

[1] V. CGFP, art. L. 112-1 qui dispose désormais que « les fonctionnaires participent par l'intermédiaire de leurs délégués siégeant dans des organismes consultatifs à l'organisation et au fonctionnement des services publics, à l'élaboration des règles statutaires, à la définition des orientations en matière de politique de ressources humaines et à l'examen de décisions individuelles dont la liste est établie par décret en Conseil d'État ».

[2] D. Jean-Pierre, « 1946-2006 : du Statut général des fonctionnaires à la gestion des ressources humaines dans la fonction publique », *JCP A* 2006, n° 1241.

[3] M. Pochard, Perspectives pour la fonction publique, *EDCE* 2003, p. 256 et s.

[4] J.-L. Silicani, *Livre blanc sur l'avenir de la fonction publique*, 2008, p. 95 et s.

[5] B. Pêcheur, Rapport à Monsieur le Premier ministre sur la fonction publique, 2013, p. 47 et s.

terme, marquée par des insuffisances structurelles ou une gestion des corps plus qu'une gestion des personnes[1].

Face à ce constat sévère, un vaste mouvement de réforme de la gestion des ressources humaines s'est engagé dans la fonction publique, marqué notamment par l'importation, souvent critiquée, de techniques issues du « new public management ». Illustré notamment par la mise en place de la gestion prévisionnelle des effectifs, des emplois et des compétences (GPEEC [2]), cette dynamique aboutit désormais à l'émergence, diversement appréciée, de la figure du « manager » dans les organisations publiques, clé de voûte du système[3] et, plus récemment, à l'établissement d'une stratégie des ressources humaines formalisée au niveau de l'État.

C'est précisément en raison de l'insuffisance de ces éléments que la loi du 6 août 2019 a recherché à favoriser

---

[1] Alors que le premier regrettait « une gestion administrative et centralisée, davantage qu'une gestion personnalisée ou par objectifs ou de proximité », « une gestion égalitariste et empreinte de relâchement », « une gestion à court terme », le deuxième relevait que la multiplication des corps et l'application mécanique des règles statutaires faisaient obstacle à une gestion dynamique des ressources humaines dans les administrations, là où le dernier, bien que plus nuancé, observait une gestion marquée, au moins pour la fonction publique de l'État, « par des insuffisances structurelles (centralisation et gestion trop uniforme) » et une « gestion statutaire », une « gestion des corps » bien plus qu'une « gestion des ressources humaines » ou une « gestion des personnes ».

[2] V. A. Bartoli, C. Blatrix, *Le grand livre du management public*, Dunod, 5e éd. 2022 – DGAFP, La gestion prévisionnelle des ressources humaines dans les services de l'État, 2016 – CNFPT, Vers de nouvelles pratiques de GPEEC dans les collectivités territoriales, juin 2022.

[3] En ce sens, v. notamment Conseil d'orientation des politiques de ressources humaines, La transition managériale au regard de l'évolution des attentes des agents publics, Ministère de la Transformation et de la Fonction publiques, 2023 – DGAFP, La boussole du manager, Manager par les valeurs, juin 2022 – DGAFP, La boussole du manager, Guide du management intergénérationnel, déc. 2022.

l'innovation RH[1] et à développer les dispositifs de pilotage en la matière. Pour ce faire, elle invite à reconsidérer les pratiques en matière de ressources humaines dans les administrations en corrélant cet objectif au remodelage du dialogue social appliqué à ces problématiques. La finalité du dispositif est ainsi d'amener les employeurs publics à bâtir et penser différemment les politiques en matière de gestion du personnel en les enrichissant par un dialogue social renouvelé dont les modalités devront encore faire leurs preuves.
Aussi, le sujet appelle deux constats principaux : d'une part, les objets du dialogue social relatif à la gestion des ressources humaines ont été incontestablement réinventés par la réforme (1), d'autre part, les enjeux en la matière s'en trouvent profondément renouvelés (2).

1. Des objets réinventés

Pour accompagner la reconfiguration institutionnelle réalisée entre comités sociaux et commissions administratives paritaires, la loi Dussopt a créé de nouveaux objets du dialogue social concernant la gestion des ressources humaines[2]. Certains ont pour but d'améliorer l'information en la matière (A), alors que d'autres visent à renforcer plus directement la stratégie des ressources humaines dans les administrations (B).

A. Les objets améliorant l'information en matière de ressources humaines

---

[1] V. not. DGAFP, Rapport annuel sur l'état de la fonction publique, 2021, p. 63 et s.

[2] V. M. Firoud, « Lignes directrices de gestion et rapport social unique : de nouveaux objets pour renouveler le dialogue social », *AJCT* 2019, p. 551 et s.

Parmi eux, on trouve tout d'abord la feuille de route triennale qui concerne spécifiquement la fonction publique territoriale et fait figure, au jour où se tient ce colloque, d'objet fantôme (1) alors que la base de données sociales et le rapport social unique pourraient se positionner comme des objets charnières (2).

1). La feuille de route triennale : l'objet fantôme

Ce dispositif, prévu par l'article 3 de la loi du 6 août 2019, et désormais intégré au sein du Code général de la fonction publique[1], est issu d'un amendement sénatorial déposé par C. Di Folco et L. Hervé[2]. Le CGFP dispose ainsi que « tous les trois ans, le ministre chargé de la fonction publique présente au Conseil supérieur de la fonction publique territoriale une feuille de route indiquant les orientations en matière de gestion des ressources humaines dans la fonction publique et leur impact prévisionnel sur les collectivités territoriales. La feuille de route est rendue publique, assortie des observations du Conseil supérieur de la fonction publique territoriale ».

Cette disposition correspond à une demande des employeurs publics territoriaux en réponse à leur regret fréquemment exprimé de ne pas être suffisamment associés aux décisions de l'État ayant une influence sur la gestion de leurs ressources humaines. On pense notamment aux nombreuses évolutions statutaires et règlementaires, aux décisions relatives au point d'indice ou encore à celles relatives à l'application parfois brusque d'accords collectifs qui avaient pu susciter par le passé des tensions, notamment le PPCR[3]. La proposition a été suivie d'effets puisque Catherine Di Folco fut à l'origine de l'amendement sénatorial par lequel cet instrument intégra la loi Dussopt, ce qui procédait pour le Gouvernement très certainement d'une volonté d'apaisement destinée à éteindre le feu lié l'instauration d'une faculté d'auto-saisine du Conseil

[1] CGFP, art. L. 244-4.

[2] Amendement COM-393 présenté par Catherine Di Folco et Loïc Hervé en commission des lois. V. également, C. Di Folco, Rapport d'information sur les enjeux de l'évolution de la fonction publique territoriale, 2018, p. 5 et 13.

[3] Accord relatif à l'avenir de la fonction publique : la modernisation des parcours professionnels, carrières et rémunérations, dit PPCR, 2015.

commun de la fonction publique par le même texte. La feuille de route était donc destinée à les rassurer, dans un contexte d'interrogation sur le devenir du CSFPT, en leur permettant de disposer, de la part de l'État, d'une vision à long terme des orientations RH.

Cette consécration apparente ne doit pourtant pas masquer l'intérêt relatif du dispositif.

Intérêt relatif, d'une part, car l'objet final est bien plus modeste que ce que prévoyait l'amendement adopté en commission des lois du Sénat qui détaillait assez précisément le contenu de la feuille. Celle-ci devait donc préciser des orientations en matière de rémunération des agents publics, de déroulement de carrière, de formation et de mobilité[1], voire de handicap[2]. Nulle trace de tous ces éléments dans la version finale de l'article L. 244-4 du Code qui se borne à poser le principe de la feuille de route sans en préciser le contenu.

Intérêt relatif, d'autre part, car au jour où se tient cette manifestation, aucune feuille de route n'a encore jamais été

[1] L'amendement initial était rédigé en ce sens et précisait que « la feuille de route précise, en particulier, les évolutions envisagées concernant la valeur du point d'indice de la fonction publique, le régime indemnitaire des agents publics, le déroulement de carrière, la promotion professionnelle et la formation des agents publics, les conditions de mobilité des agents publics entre la fonction publique territoriale et les deux autres versants de la fonction publique ».

[2] Les discussions en séance avaient même conduit à enrichir le dispositif afin de prévoir que la feuille de route puisse mentionner certaines données relatives au financement des politiques de handicap. La feuille de route devait également évaluer l'impact des décisions envisagées par l'État sur les dépenses de fonctionnement des collectivités territoriales, imposant par ailleurs au Gouvernement de transmettre aux employeurs publics le calendrier prévisionnel des négociations menées au niveau national avec les organisations syndicales.

officiellement transmise au CSFPT[1] malgré les demandes récurrentes de son président, Philippe Laurent, résigné à ne jamais l'obtenir. L'on touche probablement là aux limites de cet objet puisque, même indicatif, l'engagement triennal pris devant le Conseil supérieur de la fonction publique territoriale risque d'être difficile à tenir pour une multitude de raisons, la première d'entre elles tenant au fait que la plupart des dispositions ayant une incidence en matière de gestion des ressources humaines découlent de lois de finances selon une projection annuelle. Les conséquences de ce silence ne doivent probablement pas être démesurément exagérées. En effet, l'information des employeurs territoriaux pourra très certainement se faire par d'autres voies, comme en a témoigné la présence du ministre Stanislas Guerini à la réunion de rentrée du CSFPT le 28 septembre 2022 qui fit preuve, selon Philippe Laurent, président du CSFPT, d'un esprit de dialogue constructif[2]. Si la feuille de route fait figure d'objet fantôme, d'autres objets d'information RH créés par la loi pourraient se présenter comme des objets charnières : ce sera probablement le cas de la base de données sociales et du rapport social unique.

2). La base de données sociales et le rapport social unique : les objets charnières

Créant les comités sociaux et renforçant leurs attributions, la loi Dussopt impose parallèlement aux administrations d'élaborer une base de données sociales [3] censée être

---

[1] J.-R. Massimi, « Nouveaux élus au CSFPT : “Deux visions différentes vont s'affronter” », Gaz. Cmnes 4 janvier 2021.

[2] V. CSFPT, Communiqué de presse du 28 septembre 2022 : https://www.csfpt.org/communiques-presse/

[3] CGFP, art. L. 232-1 – D. nº 2020-1493 du 20 novembre 2020 relatif à la base de données sociales et au rapport social unique dans la fonction publique, not. art. 1 à 4.

disponible au 31 décembre 2022. Cette base doit être mise en place par chaque administration auprès de laquelle est placé un comité social et doit être accessible aux membres des comités sociaux[1]. Elle doit comporter, sous forme dématérialisée, les données concernant les agents relevant du comité social et être actualisée chaque année, et cette actualisation donnant lieu à une information des membres du comité social.

Concrètement, ces données se rapportent à l'emploi, au recrutement, aux parcours professionnels, à la formation, aux rémunérations, à la santé et la sécurité au travail, à l'organisation du travail et l'amélioration des conditions et de la qualité de vie au travail, à l'action sociale, au dialogue social et enfin à la discipline et doivent recouper des éléments très détaillés permettant d'avoir une visualisation quantitative des éléments se rattachant à ces thématiques dans l'administration concernée[2].

Constituant une sorte de photographie arithmétique de l'administration, ces données doivent être présentées par sexe et peuvent également être présentées selon des critères relatifs à l'âge, au statut d'emploi, à la catégorie hiérarchique, à la zone géographique d'affectation et à la situation de handicap des agents concernés, ce qui doit permettre de les croiser plus facilement et d'en tirer des conclusions plus aisées et fines. Elles doivent également restituer des éléments relatifs au dialogue social notamment aux instances, aux représentants du personnel, au nombre

---

[1] DGAFP, Guide relatif à la base de données sociales dans la fonction publique de l'État, 2021.

[2] Plusieurs arrêtés ont été publiés afin de préciser les indicateurs contenus dans la base de données. V. arrêté du 7 mai 2021 fixant pour la fonction publique de l'État la liste des indicateurs contenus dans la base de données sociales – arrêté du 10 décembre 2021 fixant pour la fonction publique territoriale la liste des indicateurs contenus dans la base de données sociales.

de réunions et de jours d'autorisation d'absence, au crédit de temps syndical alloué et utilisé, aux moyens de toute nature effectivement accordés aux organisations syndicales, aux négociations engagées et aux accords signés, aux recours formés auprès des commissions administratives paritaires et aux jours de grève. Il s'agit donc là d'un outil d'information et de pilotage devant ensuite permettre l'élaboration de synthèses diverses portant notamment sur l'égalité professionnelle, la sécurité et les conditions de travail, les risques psychosociaux ou encore l'absentéisme, restitutions nécessaires pour la bonne conduite de toute démarche de GPEEC. L'on peut d'ailleurs s'interroger à court terme, sur l'éventuel élargissement de son contenu à la prise en compte de données environnementales comme c'est désormais le cas dans le secteur privé[1].

Cette base de données sociales sert de socle à l'élaboration du rapport social unique, également créé par la loi du 6 août 2019 qui se présente comme un outil d'information et d'aide à la décision. Ce rapport[2] unique doit être établi chaque année au titre de l'année écoulée par toutes les administrations et remplace pour les collectivités territoriales le rapport sur l'état des collectivités territoriales ou bilan social[3].

---

[1] Où l'on parle désormais de base de données économiques, sociales et environnementales. V. not. loi nº 2021-1104 du 21 août 2021 portant lutte contre le dérèglement climatique et renforcement de la résilience face à ses effets, JORF nº 196 du 24 août 2021.

[2] Prévu à l'ancien article 9 bis A de la loi du 13 juillet 1983 et aux articles L. 231-1 à 4 du Code général de la fonction publique.

[3] Pour les collectivités territoriales et établissements employant moins de cinquante agents affiliés à un centre de gestion, le rapport social unique est établi par le président du centre de gestion et porte sur l'ensemble de ces collectivités et établissements. Le centre de gestion

Il doit présenter notamment les éléments relatifs à la gestion prévisionnelle des effectifs, des emplois et des compétences, aux parcours professionnels, aux recrutements, à la formation, aux avancements et à la promotion interne, à la mobilité, à la mise à disposition, à la rémunération, à la santé et à la sécurité au travail, incluant les aides à la protection sociale complémentaire, à l'égalité professionnelle entre les femmes et les hommes, à la diversité, à la lutte contre les discriminations, au handicap, à l'amélioration des conditions et de la qualité de vie au travail.
Il doit également intégrer l'état de la situation comparée des femmes et des hommes comportant des données sexuées relatives au recrutement, à la formation, au temps de travail, à la promotion professionnelle, aux conditions de travail, aux actes de violence, de harcèlement sexuel ou moral et aux agissements sexistes, à la rémunération et à l'articulation entre l'activité professionnelle et la vie personnelle et familiale[1]. Ce document est au cœur du dialogue social concernant les ressources humaines puisqu'il doit faire l'objet d'une présentation aux comités sociaux désormais compétents pour les orientations stratégiques sur les politiques de ressources humaines[2]. Un mois avant la présentation du rapport social unique au comité social, l'autorité compétente informe les membres de ce comité, selon des modalités qu'elle fixe, que la base de données sociales actualisée à partir de laquelle le rapport a été établi est accessible. Le rapport social unique est

---

recueille auprès d'eux les informations nécessaires à l'élaboration de ce rapport dont il ne dispose pas.

[1] Il comprend en outre des indicateurs synthétiques relatifs aux écarts de rémunération entre les femmes et les hommes dont les modalités sont fixées par décret en Conseil d'État. Il détaille, le cas échéant, l'état d'avancement des mesures du plan d'action prévu à l'article L. 132-1 du Code général de la fonction publique.

[2] V. not. CGFP, art. L. 253-1 – art. L. 253-7.

ensuite transmis aux membres du comité social avant sa présentation et donne lieu à un débat sur l'évolution des politiques des ressources humaines. Il faut préciser que les textes ont organisé une période transitoire du 1er janvier 2021 et le 31 décembre 2022, pendant laquelle le rapport social unique a été présenté au comité technique compétent. Ainsi conçu, le rapport social unique porte un triple objectif puisqu'il s'analyse aussi bien comme un instrument RH que de dialogue social mais aussi de communication. Le dispositif prévoit en effet que dans un délai de soixante jours à compter de la présentation du rapport social unique au comité social et au plus tard avant la fin de la période annuelle suivant celle à laquelle il se rapporte, ce rapport est rendu public par l'autorité compétente sur son site internet ou, à défaut, par tout autre moyen permettant d'en assurer la diffusion.

La réussite du mécanisme est évidemment conditionnée par la qualité du dialogue social organisé sur ces instruments. Même si ces éléments ne sont pas tous nouveaux, on comprend ici que l'intérêt est surtout d'inviter les administrations à exploiter plus finement leurs données sociales, de réaliser différemment leurs extractions de tableaux de manière à favoriser une démarche volontariste d'élaboration du RSU permettant ensuite d'en tirer de réelles préconisations stratégiques en matière RH. En ce sens, l'intégration de données croisées ou intégrées différemment que par le passé dans le rapport sur des sujets tels que l'étude de la situation comparée des femmes et des hommes ou encore les discriminations au sens large, pourrait en permettre une approche plus claire. Ceci explique d'ailleurs pourquoi la publication des indications servant de support à l'établissement de la base de données sociales a été très attendue. Il est toutefois possible de penser que la réussite de cet objet dépendra grandement

d'éléments techniques (notamment de la facilité plus ou moins grande à réaliser la saisie des données), dont la maîtrise conditionnera sa pertinence par rapport aux bilans sociaux auxquels étaient astreintes les collectivités territoriales tous les deux ans.
À côté de ces instruments d'information RH, la loi crée également des objets ayant vocation à renforcer la stratégie RH des administrations.

B. Les objets renforçant la stratégie RH des administrations

Il faut citer ici les lignes directrices de gestion (1) qui apparaissent comme l'instrument privilégié de mise en œuvre de cette politique plus stratégique, mais également la négociation collective (2) qui pourra aussi jouer un rôle important en la matière.

1). Les lignes directrices de gestion : la programmation de la politique RH sur le long terme

Les lignes directrices de gestion sont prévues par les articles 4 et 30 de la loi du 6 août 2019 complétée par le décret du 29 novembre 2019[1], décret qui a d'ailleurs été le 1er texte d'application de la loi. Il s'agit d'instruments – désormais bien connus – de droit souple dont la mise en œuvre avait été précédemment esquissée, en droit de la fonction publique, par la loi du 20 avril 2016 relative à la déontologie et aux droits et obligations des fonctionnaires[2]

---

[1] D. nº 2019-1265 du 29 novembre 2019 relatif aux lignes directrices de gestion et à l'évolution des attributions des commissions administratives paritaires.

[2] L. nº 2016-486 du 20 avril 2016 relative à la déontologie et aux droits et obligations des fonctionnaires, JORF nº 94 du 21 avril 2016 – D. nº 2016-1969 du 28 décembre 2016 relatif à la procédure d'édiction des lignes directrices permettant le classement par l'administration des

pour les mutations des fonctionnaires de l'État uniquement. La loi de transformation les généralise afin de compenser d'une certaine façon la perte d'attribution des CAP en matière de décisions individuelles[1] et décentrer le dialogue social sur la stratégie RH dans son ensemble[2].
Ces lignes directrices de gestion sont établies pour une durée pluriannuelle ne pouvant excéder cinq ans dans la FPE et la FPH et six ans dans la FPT et peuvent faire l'objet, en tout ou partie, d'une révision en cours de période selon la même procédure. Elles devaient être élaborées au 1er janvier 2021 et ont donc occupé très largement les esprits et les services à une époque largement perturbée par la crise sanitaire.
Elles ont une double vocation puisqu'elles apparaissent à la fois comme un instrument de programmation RH et de dialogue social.

Instrument de programmation RH, les LDG constituent le document d'orientation pour la GRH de la collectivité ou de l'établissement sur la base duquel seront ensuite prises les décisions individuelles que les CAP ne connaîtront plus.
Ces LDG portent sur différents points puisque le décret distingue trois types de LDG :
- les « LDG-RH » qui déterminent la stratégie pluriannuelle de pilotage des ressources humaines des administrations,

---

demandes de mutation des fonctionnaires de l'État, JORF n° 303 du 30 décembre 2016. V. E. Marc, « Dialogue social : une réforme en deux temps », *AJFP* 2019, p. 254 et s.

[1] Dans la fonction publique de l'État, elles sont établies dans chaque département ministériel. D'autres peuvent concerner un ensemble de services centraux et déconcentrés ou des services déconcentrés. Chaque établissement public élaborera les siennes. Dans la fonction publique territoriale, elles sont établies par l'autorité territoriale ou par le centre de gestion pour les collectivités affiliées. Dans la fonction publique hospitalière, elles relèvent du chef d'établissement.

[2] V. C. Chauvet, « Le dialogue social dans la loi du 6 août 2019 », *AJDA* 2019, p. 2343 et s.

notamment en matière de gestion prévisionnelle des emplois et des compétences, et définissent ainsi les enjeux et objectifs de la politique de l'administration sur le long terme ;
- les « LDG-mobilité » qui fixent, également, pour la fonction publique d'État, les orientations générales en matière de mobilité ;
- les « LDG-promotions » qui fixent les orientations générales en matière de promotion et de valorisation des parcours, sans préjudice du pouvoir d'appréciation de cette autorité en fonction des situations individuelles, des circonstances ou d'un motif d'intérêt général.
Il s'agit donc de documents-cadres déterminants qui constituent, pour les administrations, une opportunité de clarifier leur politique de recrutement, leur politique en matière d'égalité professionnelle, de santé et de sécurité au travail et bien sûr de promotion et de mobilité.

Instrument de dialogue social également puisque la loi du 6 août 2019 prévoit que les comités sociaux sont consultés sur les lignes directrices de gestion[1] et qu'un bilan de la mise en œuvre des lignes directrices de gestion relatives aux orientations générales en matière de mobilité et aux orientations générales en matière de promotion et de valorisation des parcours professionnels est établi annuellement (sur la base des décisions individuelles et en tenant compte des données issues du rapport social unique) et doit être présenté au comité social d'administration compétent.
Ainsi, la stratégie RH devient un sujet de dialogue social en recentrant celui-ci sur les questions collectives et en le remontant au niveau de la détermination de leurs enjeux.

[1] L'article 94 de la loi du 6 août 2019 prévoit que les comités techniques assumaient cette fonction dans l'attente de l'instauration des comités sociaux.

Il faut ajouter à ces éléments le fait qu'à côté des LDG, un autre instrument de dialogue social pourrait considérablement renouveler les échanges en matière de ressources humaines, celui de la négociation collective dans son régime issu de l'ordonnance du 17 février 2021[1].

2) La négociation collective : l'association des partenaires à la prise de décision RH

On rappellera que selon les articles L. 222-1 et 3 du Code général de la fonction publique, des accords collectifs éventuellement dotés de portée juridique peuvent désormais porter sur des domaines importants en matière de ressources humaines[2] tels que l'évolution des métiers et la gestion prévisionnelle des emplois et des compétences, le déroulement des carrières et la promotion professionnelle, le temps de travail, la formation professionnelle et la formation tout au long de la vie, le télétravail ou encore l'égalité professionnelle. Ces dispositions sont issues de l'ordonnance du 17 février 2021[3], elle-même adoptée en application de l'article 14 de la loi de transformation de la fonction publique qui parachevait ainsi le dispositif

---

[1] Ordonnance nº 2021-174 du 17 février 2021 relative à la négociation et aux accords collectifs dans la fonction publique, JORF nº 42 du 18 février 2021.

[2] Des accords dotés de portée juridique pourront notamment être conclus dans des domaines tels que l'évolution des métiers et la gestion prévisionnelle des emplois et des compétences, le temps de travail, le déroulement des carrières et la promotion professionnelle, la formation professionnelle et la formation tout au long de la vie, l'intéressement collectif et les modalités de mise en œuvre de politiques indemnitaires, le télétravail ou encore l'égalité professionnelle.

[3] Elle fut largement préfigurée par le rapport produit par la mission Esch-Vigouroux-Rouquette. V. Esch (M.-O.), Vigouroux (C.), Rouquette (J.-L.), *Renforcer la négociation collective dans la fonction publique*, avril 2020.

inabouti esquissé par la loi du 5 juillet 2010 de rénovation du dialogue social[1].

À cet égard, on rappellera que plusieurs accords importants ont déjà été signés de façon unanime au niveau interfonctions publiques en application de ces nouvelles dispositions : l'accord du 13 juillet 2021 relatif au télétravail et celui du 26 janvier 2022 relatif à la protection sociale complémentaire qui ont donc vocation à encadrer le volet conditions de travail et sont actuellement déclinés au niveau local. On peut ainsi imaginer qu'au niveau local notamment, le recours à la négociation collective pourra être favorisé afin d'associer les partenaires sociaux à la détermination et à la mise en œuvre de leur démarche GPEEC (on rappelle à cet égard qu'une obligation de négociation triennale est imposée dans le secteur privé[2]), domaine expressément listé par l'ordonnance, ou encore pour clarifier les règles en matière de temps de travail dans la suite notamment de la réforme des 1 607 heures réalisée dans les collectivités territoriales, bien que le recours à la négociation collective dans ce cas précis ait été inégal du fait des délais imposés aux communes pour réaliser cette réforme[3].

---

[1] L. n° 2010-751 du 5 juillet 2010 relative à la rénovation du dialogue social et comportant diverses dispositions relatives à la fonction publique, JORF n° 154 du 6 juillet 2010. La loi posait ainsi les conditions de validité de ces accords sans toutefois leur reconnaître une quelconque portée juridique.

[2] L. n° 2005-32 du 18 janvier 2005 de programmation pour la cohésion sociale, JORF n° 15 du 19 janvier 2005, texte n° 1. Cette loi impose une négociation triennale sur la GPEC dans les entreprises de plus de 300 salariés.

[3] L. Clouzot, « La négociation collective, un outil peu exploité dans la réforme du temps de travail de la fonction publique territoriale », *RDT* 2021, p. 619.

L'articulation de la négociation collective avec le dispositif des LDG pose toutefois un certain nombre de difficultés, soulevées par la mission Vigouroux relative à la négociation collective [1], dans la mesure où les deux instruments peuvent porter sur des domaines communs (on pense ici à la GPEEC, à l'évolution des carrières ou encore à l'égalité professionnelle). Parmi ces difficultés, l'absence de consultation des comités sociaux sur les objets traités par des accords est fréquemment pointée du doigt. On relèvera, en outre, que le législateur n'a pas prévu que les LDG puissent être adoptées via une négociation collective, hiatus également relevé par la mission Vigouroux. Indéniablement, la réforme issue de la loi du 6 août 2019 a donc réinventé les objets du dialogue social sur questions de ressources humaines même si une appropriation des hypothèses d'intervention pertinente de chaque instrument sera nécessaire. Au-delà, cette mutation conduit, selon nous, à renouveler les enjeux en la matière dans une dimension inédite (II).

2. Des enjeux renouvelés

Les éléments précédemment évoqués soulèvent deux enjeux : d'une part, celui de la professionnalisation de la gestion des ressources humaines dans le secteur public (A), et d'autre part, celui du repositionnement du dialogue social en matière de ressources humaines dans les administrations (B).

---

[1] Esch (M.-O.), Vigouroux (C.), Rouquette (J.-L.), *Renforcer la négociation collective dans la fonction publique*, préc., p. 41 et s.

A. La professionnalisation de la gestion des ressources humaines

On le comprend, la loi du 6 août 2019 et les textes qui l'ont suivie invitent les administrations à se saisir différemment de la fonction RH en leur imposant d'établir une ligne stratégique clairement identifiée. Aussi, la réforme étudiée participe de la recherche de professionnalisation de la fonction RH, terme apparu notamment dans le rapport Vallemont de 1999[1], que l'on pourrait définir comme le processus d'institutionnalisation et d'organisation d'un système professionnel spécialisé en ces questions. Or, on sait en effet que les administrations ont longtemps souffert d'une image dégradée quant à leur stratégie de gestion des ressources humaines parfois sévèrement considérée comme

---

[1] S. Vallemont, Gestion des ressources humaines dans l'administration : rapport au ministre de la Fonction publique, de la Réforme de l'État et de la Décentralisation, La Documentation française, 1999, p. 16.

défaillante[1] ou proche de l'incantation[2]. C'est ainsi que mettant en perspective le lien indissociable entre évolution de la GRH publique et modernisation de l'État[3], différents auteurs appelaient à une évolution en profondeur qui fut encouragée sur le plan budgétaire par la réforme de la

---

[1] *Ibid.*, p. 41. Le rapport relevait ainsi que « la faiblesse du niveau d'expertise en GRH constitue sans doute le problème majeur auquel se heurte aujourd'hui le développement des ressources humaines dans les administrations : absence trop fréquente de professionnalisme, lacunes dans la connaissance des outils et des méthodes de la GRH, comportements marqués par une forte emprise du règlement de la part de certains gestionnaires, faible valorisation – et par suite, faible attractivité – des fonctions de gestion sont autant de symptômes de cette carence ». V. également M. Pochard, Perspectives pour la fonction publique, préc., p. 301. Selon cette étude, dont nous ne partageons pas toutes les conclusions, « il existe une aspiration profonde parmi les agents publics, quel que soit leur rang dans la hiérarchie, à une gestion qui donne toute leur place aux notions de métiers, de fonctions à exercer, de compétences professionnelles acquises ou à acquérir, aussi bien pour la détermination des besoins en effectifs que pour les procédures de recrutement, la formation initiale et continue, le déroulement de carrière et la promotion ».

[2] A. Chemla-Lafay, « Professionnaliser la GRH dans la fonction publique de l'état, une incantation sans réels effets », PMP vol. 26/2, 2008, p. 111-136.

[3] A. Bartoli, « Les nouvelles perspectives de la GRH dans la fonction publique », *Cahiers français*, 2006, p. 37. Selon l'auteur, « soit on considère en effet que la GRH est un levier majeur pour le pilotage du changement des organisations publiques, et il convient alors de la mettre au cœur des réformes ; soit on néglige cette fonction en lui laissant un statut de variable d'ajustement, et le changement de la sphère publique en restera alors sans doute au stade de l'incantation ».

LOLF[1] et sur le plan politique par les diverses opérations de réforme de l'État menées ces dernières années[2].

Récemment, plusieurs efforts ont été faits pour encourager l'installation durable de pratiques RH modernisées dans les administrations, avec un succès parfois relatif. On se rappelle notamment du décret du 22 décembre 2016 relatif à la DGAFP et à la politique de ressources humaines dans la fonction publique[3] qui ambitionnait de faire de la DGAFP la structure dédiée à l'animation de la politique de direction des ressources humaines de l'État, et la chargeait d'établir, en lien avec les ministères, une stratégie interministérielle des ressources humaines de l'État. Il lui confiait également la tâche de définir la stratégie de

---

[1] D. Lacambre, Coût et organisation de la gestion des ressources humaines dans l'administration, Cour des Comptes, rapport du comité d'enquête sur le coût et le rendement des services publics (CECRSP), 2006 – Y. Chevalier, « LOLF et fonction publique : GRH, performance et management », *Revue française des finances publiques*, n° 97, pp. 99 à 111, 2007.

[2] Aussi, la réforme de la fonction publique et la rationalisation de ses effectifs ont été régulièrement placées au cœur des réformes successives telles que la RGPP sous Nicolas Sarkozy, la MAP sous François Hollande ou encore le plan Action publique 2022 récemment porté par Emmanuel Macron.

[3] D. n° 2016-1804 du 22 décembre 2016 relatif à la DGAFP et à la politique de ressources humaines dans la fonction publique, JORF n° 298 du 23 décembre 2016. Ce texte rappelait la compétence de la DGAP en matière de définition des orientations générales des politiques de ressources humaines dans les administrations publiques. À ce titre, il indiquait notamment que la DGAFP formule en matière de gestion prévisionnelle des emplois et compétences, de recrutement, de formation et d'accompagnement des parcours professionnels, toute proposition d'actions et toute recommandation susceptibles d'être mises en œuvre dans ces administrations, qu'elle conduit le dialogue social interministériel et commun à l'ensemble de la fonction publique et qu'elle promeut le développement de la négociation avec les organisations syndicales de fonctionnaires dans les domaines prévus par le statut à tous les niveaux pertinents.

professionnalisation des agents intervenant dans la gestion des ressources humaines et renforçait également les missions des responsables ministériels des ressources humaines[1].
La démarche avait produit des résultats mitigés, ce qui explique que le législateur ait souhaité mettre l'accent sur ces questions en 2019 en poursuivant l'approfondissement de la fonction RH et en travaillant spécifiquement sur les méthodes et les instruments contribuant à faire vivre cette politique appuyée ces dernières années par la DGAFP[2] qui a par exemple lancé en janvier 2020 un plan d'action interministériel visant le renforcement et la professionnalisation de la fonction recrutement[3].

On soulignera, par ailleurs, que ces évolutions doivent être mises en lien avec différents éléments. D'une part, la réforme de la haute fonction publique[4] qui participe de la même logique, dans la lignée des préconisations du rapport Thiriez [5], en réorganisant la gestion des personnels

---

[1] V. également circulaire 5794-SG du 10 juin 2015 relative à la gestion des cadres et au management dans la fonction publique de l'État. Le texte imposait aux ministères l'élaboration d'un plan managérial avant la fin de l'année 2015.

[2] Encouragée par la DGAFP au travers de différents supports consacrés à cet objectif de professionnalisation de la GRH. V. not. DGAFP, La performance de la fonction ressources humaines : définitions et cadre d'analyse, 2008 – DGAFP, La gestion prévisionnelle des ressources humaines dans les services de l'État, 2016 – DGAFP, Transformation de la fonction RH, 2019.

[3] V. DGAFP, Rapport annuel sur l'état de la fonction publique, Édition 2021, p. 21

[4] V. not. ord. nº 2021-702 du 2 juin 2021 portant réforme de l'encadrement supérieur de la fonction publique de l'État, JORF nº 127 du 3 décembre 2021.

[5] F. Thiriez, F. Meaux, C. Lagneau, Mission haute fonction publique, janvier 2020, not. p. 47. Le rapport invitait ainsi à la mise en œuvre d'un pilotage stratégique interministériel plus poussé, suggérait de confirmer

d'encadrement de l'État et en accouchant de nouvelles structures, la DIESE[1], et de nouveaux instruments RH : les lignes directrices de gestion interministérielles[2]. D'autre part, la déconcentration en général et de celle des recrutements en particulier[3], que le Code général de la fonction publique est censé encourager[4], alimenta la même

---

la mutation de la DGAFP vers une réelle « DRH groupe » et prônait le renforcement des DRH ministérielles.

[1] D. n° 2021-1775 du 24 décembre 2021 relatif à la délégation interministérielle à l'encadrement supérieur de l'État, aux délégués ministériels à l'encadrement supérieur et au comité de pilotage stratégique de l'encadrement supérieur de l'État, JORF n° 300 du 26 décembre 2021. Placée auprès du Premier ministre, elle est chargée, d'une part, de définir, coordonner et animer la politique des ressources humaines en matière d'encadrement supérieur et dirigeant de l'État et, d'autre part, de participer à une gestion des ressources humaines individualisée de certains de ces personnels. Le décret prévoit que chaque département ministériel est doté d'un délégué ministériel à l'encadrement supérieur chargé de coordonner et mettre en œuvre la politique des ressources humaines ministérielle dans le cadre de la politique interministérielle fixée par la DIESE. Enfin, le décret crée un comité de pilotage stratégique de l'encadrement supérieur de l'État, présidé par le délégué interministériel. V. également J. Bassères, Préfiguration de la délégation interministérielle à l'encadrement supérieur de l'État, novembre 2021.

[2] L'article 2 de l'ordonnance du 2 juin 2021 précitée dispose ainsi que le Premier ministre édicte des lignes directrices de gestion interministérielles qui déterminent la stratégie pluriannuelle de pilotage des ressources humaines de ces agents et fixent les orientations générales les concernant en matière de recrutement, de gestion prévisionnelle des emplois et des compétences, de mobilité, de promotion, d'évaluation, de formation, de valorisation des parcours professionnels et d'accompagnement des transitions professionnelles.

[3] V. not. circ. 6251-SG du 10 mars 2021 concernant la gestion budgétaire et la déconcentration des ressources humaines.

[4] On rappellera que la partie législative du Code général a été élaborée à droit constant sauf à propos des abrogations et modifications nécessaires pour « procéder à la déconcentration des actes de recrutement et de gestion des agents publics au sein de la fonction publique de l'État et de la fonction publique hospitalière ». V. not.

dynamique en ayant pour vocation de faciliter la souplesse de gestion des ressources humaines[1].

Aussi, la création d'outils, tels que les lignes directrices de gestion, a-t-elle été favorisée pour accompagner ces évolutions[2]. Dès lors, en réorganisant le dialogue social en matière de gestion des ressources humaines, la loi du 6 août 2019 impose aux structures publiques de formaliser une stratégie qui, pour certaines, existait déjà[3] mais demandait à être matérialisée dans une logique de transparence pour responsabiliser les employeurs publics, et inviter à faire un état des lieux de leurs pratiques RH dans une logique d'égalité pour les agents. Il s'agit ici d'insuffler un changement de mentalités en matière de gestion RH par l'instauration de nouvelles méthodes dont la bonne maîtrise par les acteurs du dialogue conditionnera la réussite.

F. Melleray, « La gestion des emplois de fonctionnaires », *Dr. social* 2020, p. 196.

[1] Le décret du 22 décembre 2016 précité indiquait ainsi que la stratégie interministérielle de ressources humaines de l'État, préparée par la DGAFP, devait comporter notamment des actions de simplification et de déconcentration. Il précisait par ailleurs que les responsables ministériels des ressources humaines devaient veiller à la déconcentration de la gestion des ressources humaines.

[2] Sur l'intérêt des lignes directrices de gestion pour accompagner ce mouvement de déconcentration : H. Pauliat, « Les lignes directrices : quel outil pour les managers ? », *JCP A* 2020, n° 45, p.9 et s. – L. Cytermann, concl. sur CE, 21 septembre 2020, n° 428683 ; *JCP A* 2020, 2257.

[3] Les bilans sociaux, réalisés tous les deux ans par les collectivités territoriales, leur donnaient déjà l'occasion de traiter les questions RH sous l'angle stratégique par exemple et d'envisager cette obligation légale au service d'une démarche volontariste leur permettant d'échanger sur les enjeux de la collectivité. V. Gaz. Cmnes, « Bilans sociaux : un outil devenu stratégique », 18 avril 2018 – Gaz. Cmnes, « Les bilans sociaux, un vrai outil de pilotage », 11 septembre 2018.

On prendra encore une fois l'exemple des lignes directrices de gestion dont la réussite dépendra à notre sens de la professionnalisation des acteurs.
La courte expérience montre que la mise en œuvre de ce document nécessite une préparation rigoureuse pour être correctement menée. Elle suppose pour les administrations de travailler en mode projet, de mettre en place une méthode de travail (identifier les personnes-ressources, constituer des groupes de travail, composer des groupes de travail, organiser le dialogue social…), d'élaborer un diagnostic, un état des lieux des pratiques RH sur la base notamment des documents existants (tableaux des effectifs, organigrammes, bilans sociaux pour les collectivités territoriales, documents relatifs au régime indemnitaire, documents relatifs au temps de travail, documents définissant les critères d'évaluation pour l'entretien professionnel, documents éventuels relatifs à l'instauration d'une protection sociale complémentaire, documents définissant le régime d'astreinte pour ensuite définir le contenu des lignes dans les différents domaines énumérés) afin de bâtir une stratégie RH renouvelée en associant tous les acteurs très en amont. Cela suppose d'avoir une maîtrise relative du temps consacré à l'élaboration de ces LDG. Or, le temps a été la grande problématique de cette démarche, notamment dans les collectivités territoriales qui ont été fortement perturbées par le report des élections municipales suite à la crise sanitaire qui n'a laissé que peu de marge aux nouvelles équipes pour se consacrer à ce chantier. Certaines collectivités territoriales avaient d'ailleurs demandé un report du délai d'élaboration des LDG. Si elles n'ont pas obtenu ce report, certains assouplissements ont été consentis par le gouvernement qui a conseillé aux employeurs qui n'auraient pas le temps d'élaborer la totalité de leurs orientations RH d'ici là d'adopter des LDG « généralistes ». Aussi, beaucoup de collectivités

territoriales se sont d'abord concentrées sur les LDG-PI pour ne pas rater de sessions de promotions, et d'établir de manière plus souple leurs LDG-RH quitte à les compléter ensuite. On comprend ainsi que la méthode et le temps ont conditionné et conditionneront la lisibilité, la légitimité et l'acceptabilité du dispositif par les acteurs du dialogue[1].
Si la réforme soulève l'enjeu de professionnalisation RH, elle induit aussi un repositionnement du dialogue social qu'il faudra maîtriser.

B. Le repositionnement du dialogue social

La réforme de 2019 accompagne et encourage selon nous l'émergence de nouvelles figures et formes de dialogue.

Au titre des nouvelles figures, en premier lieu, nous livrerons deux illustrations.
La première est celle donnée par la feuille de route triennale, précédemment évoquée, qui nous semble traduire la reconfiguration du dialogue social en cours dans la fonction publique territoriale au niveau supérieur. Elle se rattache en effet au souci, pour les employeurs publics territoriaux, d'avoir plus de visibilité dans le dialogue social. Cette préoccupation s'est concrétisée par la création d'une nouvelle figure en 2018 : la Coordination des employeurs publics territoriaux[2], dont Philippe Laurent, actuel président du CSFPT, est porte-parole et qui a pour objectif de mieux appréhender les « enjeux et

---

[1] Ainsi, les premiers bilans de l'application de la loi Dussopt confirment cette nécessaire appropriation lente du dispositif, souvent mis en place dans l'urgence. V. France urbaine, Bilan de la mise en œuvre de la loi de transformation de la fonction publique dans les collectivités territoriales, août 2022.

[2] Cette Coordination réunit les principales associations d'élus territoriaux ainsi le CNFPT, la FNCDG et le collège employeurs du CSFPT.

responsabilités que représentent les questions de gestion des ressources humaines ». Elle comprend des membres dont certains siègent au sein du collège employeur CSFPT nouvellement reconfiguré par la loi. Le lien ainsi fait entre les deux structures est ainsi censé permettre plus d'efficacité et de fluidité avec les organisations syndicales, et repositionner le CSFPT sur les questions de gestion des ressources humaines inégalement prises en charge par les employeurs territoriaux au-delà des seules questions statutaires. Ainsi, depuis sa création, cette Coordination se montre très active et se présente comme un vecteur de fluidification des échanges avec le Gouvernement. Ainsi, elle a, par exemple, présenté dans une lettre adressée le 26 juillet 2021 à Amélie de Montchalin, alors ministre de la Transformation et de la Fonction publiques, sa position commune sur la participation des employeurs territoriaux au financement de la protection sociale complémentaire en prévision de la conclusion de l'accord portant sur ce sujet (finalement signé le 26 janvier 2022) ou l'a encore alertée par une lettre du 5 octobre 2021 sur leurs contraintes financières actuelles afin d'éviter que ne soient prises des mesures s'inscrivant dans la lignée du PPCR. Plus récemment, la Coordination s'est publiquement inquiétée des conséquences de la récente réforme des retraites, qui devait avoir des conséquences sur l'augmentation du taux de cotisation des employeurs publics à la CNRACL[1] que le Gouvernement s'est finalement engagé à compenser sous sa pression notamment.

La création de cette Coordination doit par ailleurs être mise en lien avec la recomposition récente du CSFPT, suite au

[1] V. en ce sens le communiqué de presse de la Coordination des employeurs publics territoriaux en date du 27 janvier 2023 par lequel les employeurs territoriaux s'opposent à la hausse de la cotisation des employeurs publics à la CNRACL prévue par la réforme alors en cours des retraites.

renouvellement de son collège employeurs en application de la loi du 6 août 2019 et dont la pérennité a semblé être un temps sérieusement remise en cause par la loi Dussopt[1]. Celui-ci fait désormais une part plus importante aux représentants des EPCI, dont certains sont membres de la Coordination[2], ce qui a vocation à créer une sorte de fusion entre cette dernière et les élus du CSFPT. L'idée de cette rénovation est ainsi en lien direct avec le sujet qui nous occupe puisqu'en formalisant cette relation organique entre le collège employeurs et les associations d'élus, elle poursuit l'objectif de ne plus positionner le CSFPT seulement sur l'étude questions statutaires mais aussi sur les questions de gestion des ressources humaines inégalement prises en main par les élus locaux selon Philippe Laurent.

La seconde illustration relève d'éléments plus généraux et multifactoriels qui démontrent que tous les instruments précédemment étudiés posent la question de la transfiguration du syndicalisme aujourd'hui. On sait que la loi du 6 août 2019 repositionne l'intervention syndicale sur les questions stratégiques et collectives. Ceci conduit à réduire le nombre de mandats syndicaux dans un contexte déjà marqué par le désintérêt entourant les scrutins professionnels[3] et la raréfaction des vocations syndicales qui risque d'être amplifiée par la transformation si on se fie

---

[1] *Gazette des communes*, « Il faut sauver le soldat CSFPT », 25 janvier 2021.

[2] P. Laurent, « Continuons à développer un dialogue social de qualité », *Gazette des communes*, 4 mai 2021 – *Gazette des communes*, « Nouveaux élus au CSFPT : “Des visions très différentes vont s'affronter” », 4 janvier 2021.

[3] Alors que le taux de participation était de 49,8 % seulement lors des élections professionnelles de 2018, celui du scrutin du 8 décembre 2022 se monte à 43,7 %, confirmant la baisse amorcée depuis quelques années.

aux dernières évaluations des ordonnances Travail qui pointent « une organisation qui alourdit la charge de travail des représentants des salariés sans améliorer le dialogue social voire même le fait reculer » et qui donc démotive les organisations syndicales[1].
Il pose peut-être aussi la question pour les syndicats de la nécessité de réinventer leurs formes d'association au débat public pouvant, au-delà de leur action classique passer également par une participation citoyenne, actuellement encouragée [2], consistant à organiser une plus grande association des corps intermédiaires tels les syndicats ou associations notamment dans la définition et la mise en œuvre des services publics.

Au titre des nouvelles formes de dialogue, en second lieu, nous indiquerons que la réforme nous paraît entraîner diverses mutations.

---

[1] V. France Stratégie, Évaluation des ordonnances du 22 septembre 2017 relatives au dialogue social et aux relations de travail, juillet 2020. Ainsi le rapport d'évaluation publié par France Stratégie en décembre 2021 relève que « l'élargissement et la concentration sur le CSE d'un champ très vaste de sujets à aborder ne crée pas mécaniquement une meilleure articulation des enjeux stratégiques, économiques et sociaux, et peut constituer un élément de fragilisation de l'engagement des élus, cette nouvelle instance, qu'est le CSE alourdit la charge de travail des représentants des salariés sans améliorer le dialogue social, voire même le fait reculer ».

[2] Nous renverrons en ce sens aux récentes propositions formulées par le collectif Sens du service public. V. Sens du service public, « Services publics : une idée d'avenir », manifeste, 28 janvier 2022. Ce collectif composé de hauts fonctionnaires des trois versants de la fonction publique souhaitait alerter les candidats à la dernière élection présidentielle sur la nécessité de ne pas envisager la réforme de l'État sous le seul prisme de la réduction des effectifs de fonctionnaires pour réfléchir aux enjeux du service public. En ce sens, il préconisait notamment le développement de nouvelles formes de participations citoyennes destinées à alimenter la réflexion sur ces sujets.

La première mutation consiste, selon nous, à la montée en puissance de l'informel dans le nouveau modèle de dialogue social dessiné par la loi Dussopt. Ce constat est palpable à travers l'instauration des LDG mais également de la négociation collective, instruments promus par la loi de 2019 qui poussent à renforcer la place de l'informel dans le dialogue social. En effet, la mise en place de ces instruments implique la multiplication de réunions informelles[1] ou encore groupes de travail préalables aux passages dans les instances qui organisent la communication entre les acteurs de manière différente. Là encore, l'exemple de l'élaboration des lignes de gestion est parlant puisqu'il est significatif de voir que les employeurs publics territoriaux ont tenté de savoir si et comment il est possible de continuer à associer les syndicats à l'examen des dossiers individuels sans pour autant recréer des CAP. Ainsi, plusieurs collectivités et centres de gestion ont pensé à créer des commissions internes ad hoc, associant l'autorité territoriale et les partenaires sociaux, dont le rôle aurait été d'organiser un échange sur le choix des agents promus au regard de la liste établie des agents

[1] Encouragés par la DGAFP pour ce qui concerne la négociation collective. V. DGAFP, Guide de la négociation collective dans la fonction publique de l'État, 2021, p. 29. Le guide conseille ainsi aux représentants de l'autorité administrative, « de tenir à tout instant dans la négociation des réunions plus informelles avec les organisations syndicales ». V. également, pour la fonction publique territoriale, Gaz. Cmnes, « Ce que vous réserve la nouvelle instance de dialogue social », 17 janvier 2019. La ville d'Arras, par exemple, a mis en place des groupes de travail transversaux et consulte depuis quelques années les syndicats sur plusieurs projets avant leur passage en CT et CHSCT. Tous les quinze jours, une instance « GRH », présidée par l'adjointe aux RH, le DRH, le directeur général des services et regroupant des managers des différents services, se réunit pour évoquer les sujets émergents. S'ils sont validés par le maire, ils sont ensuite perfectionnés avec les représentants du personnel issus à la fois des CT et CHSCT lors de groupes de travail.

promouvables. Conscient du risque de dévoiement entourant ce projet, cette possibilité a fait l'objet d'une question sénatoriale à la ministre de la Cohésion des territoires qui a répondu par la négative indiquant que « la création de commissions ad hoc, intervenant en substitution des CAP, en amont de l'établissement du tableau d'avancement de grade annuel ou de la liste d'aptitude, serait contraire à l'esprit de la loi[1] », ajoutant qu'en outre, « la compétence de l'autorité territoriale, ou du président du centre de gestion, en matière d'avancement de grade et de promotion interne ne saurait être déléguée à une instance hors de tout cadre législatif ou réglementaire ». On retombe ici sur le constat de ce que la réforme pourrait alimenter la porosité de la distinction entre information, consultation, concertation et négociation et susciter le besoin chez les employeurs de recréer le dispositif antérieur avec le risque important de positionner le dialogue dans l'illégalité.

La deuxième mutation devra être celle de la culture du dialogue social dans les administrations. En effet, les éléments précédemment évoqués nous indiquent que la réforme suppose donc un gros travail d'acculturation et de formation aux nouveaux instruments du dialogue. On pense ici à l'intérêt, en matière de négociation collective, que représenteront des objets tels que les accords de méthode qui posent les bases de la discussion[2] et permettent de prévenir les principaux écueils d'un processus de

---

[1] Rep. min. cohésion des territoires et des relations avec les collectivités territoriales, JO Sénat du 10/06/2021 – p. 3702.

[2] Ils formalisent la méthode de négociation (nombre de réunions prévues, constitution de groupes de travail, calendrier et thèmes de la négociation, établissement systématique d'un procès-verbal de la réunion validé par les organisations syndicales participant à la négociation lors de la prochaine réunion, les modalités d'organisation des réunions de négociation à distance) et précisent les informations et les documents qui seront transmis au cours de la négociation.

négociation (dérive sur des sujets non prévus à l'avance, postures et incidents sur la méthode de travail…) en organisant la négociation dans des conditions de loyauté et de confiance mutuelles des parties[1]. On pense encore à la nécessaire démarche d'évaluation du dialogue social en matière RH qu'il faudra désormais mener. Ainsi, une évaluation du RSU et des LDG est prévue devant les comités sociaux. Ce travail d'évaluation sera aussi mené au niveau supérieur puisque le CSFPT mène, de son côté, une appréciation du basculement des bilans sociaux au RSU qui pourra permettre de cerner la réelle plus-value du dispositif. Cela pose la question également de la mise en place de démarches circulaires d'échange de bonnes pratiques sur ces différents objets. Ainsi, il semble plutôt bienvenu de voir qu'un travail interministériel de restitution/bilan, coordonné par la DGAFP est annoncé, afin de partager les retours d'expérience, identifier et mutualiser les bonnes pratiques[2] mais il faudra probablement aller plus loin pour éprouver une réelle démarche d'évaluation du dispositif.

En conclusion, la réforme du dialogue social en matière RH oblige les acteurs à s'approprier de nouvelles formes de discussions qui reconfigurent leurs rôles et modalités d'intervention respectifs dans les échanges. Si le dispositif juridique est posé, son appropriation demeure l'enjeu des prochaines années. En effet, le dialogue ainsi réorganisé sur les questions RH n'aura de réelle portée que s'il est mené avec les bonnes intentions, dans une temporalité adéquate et qu'il débouche sur des évolutions concrètes pour les agents et usagers du service public.

---

[1] En ce sens, V. Gaz. Cmnes, « Dialogue social : quand la territoriale donne l'exemple », 31 juillet 2023.

[2] DGAFP, Rapport annuel sur l'état de la fonction publique, Édition 2021, p. 43.

TABLE RONDE

Les conséquences de la réforme sur les sujets du dialogue

Valérie Brunier
Directrice d'hôpital – Pont-Saint-Esprit
Maître de conférences associée, IPAG de Montpellier
Béatrice de Lavalette
Adjointe au maire de Suresnes en charge des questions de dialogue social, innovation sociale et ressources humaines
Membre du CSFPT
Blandine Fortin-Peyron
DRH – Montpellier Méditerranée Métropole, Ville de Montpellier
Laurence Laigo
Directrice de l'association Dialogues
Ancienne secrétaire nationale de la CFDT
Jean-Louis Rouquette
Inspecteur général des finances honoraire
Membre de la mission « Renforcer la négociation collective dans la fonction publique »
Philippe Soubirous
Secrétaire fédéral de la Fédération générale des fonctionnaires de Force ouvrière (FO)

Débats animés par Paul-Henri ANTONMATTEI, ***Professeur à l'Université de Montpellier – Directeur de l'École de droit social de Montpellier***

Paul-Henri Antonmattei : Le but de cette table ronde est de solliciter de votre part des observations sur les nouveaux instruments (base de données sociales, rapport social unique), sur les effets de la réforme – notamment les sujets ouverts au dialogue et à la négociation collective – et, plus largement livrer un retour d'expérience. Nous commençons par Philippe Soubirous.

Philippe Soubirous : Je voulais revenir en synthèse ou en expérience à ce qui a été dit par les deux intervenants précédents, notamment sur les acteurs et la modification du jeu des acteurs et donc de la pratique RH à travers l'exemple de la négociation sur la complémentaire santé qui est en cours, qui n'est pas achevée, puisque c'est la première étape d'un volet de transformation de la protection sociale dans la fonction publique de l'État. Cette négociation, personne n'en voulait parce que personne n'était demandeur, je l'ai dit ce matin. Pour autant, elle a fait dans un premier temps émerger de nouveaux acteurs à la négociation, ou préciser des acteurs.

Deuxièmement, le process a révélé quand même des points forts dans la négociation, dans la fonction publique et des suites incertaines au regard de l'implémentation du sujet PSC dans d'autres espaces de négociation que sont la territoriale et l'hospitalière. Quand nous avons commencé la négociation, nous l'avons commencée sur un schéma classique. Le ministère de la Fonction publique a donné mandat à son administration, c'est-à-dire à la DGAFP, et la Direction générale de l'administration et de la fonction publique, pardonnez-moi mes propos un peu crus, a bloqué en tant qu'employeur cette négociation qui allait entailler son pouvoir, et un pouvoir non des moindres, celui, et ce n'est pas une injure, d'une certaine technocratie administrative très verticale, très hiérarchique. C'est clair.

Or, quand très rapidement nous avons vu que les négociations s'enlisaient alors que beaucoup de gens voulaient aboutir, malgré les problèmes de départ, le cabinet a repris la main et a désavoué la DGAFP, notamment quand elle n'a pas voulu céder du terrain en tant qu'employeur. Vous regarderez cet accord, c'est un accord qui est majeur, notamment par rapport au contenu de l'ANI.

Dans ces accords nationaux, il y a bien une distinction entre l'employeur politique régulateur et l'employeur en tant que chef de service qui tient à ses prérogatives. Lors de la négociation, l'accord de méthode a été fondamental, car il met les parties à égalité alors même que l'engagement n'est pas clairement synallagmatique, sauf que la négociation l'est, quelque part, au cœur, mais il fallait poser les bases. On a bien vu les réticences quand on demandait un accord de méthode, on nous a proposé une feuille de route. Non, nous voulions que ce soit contractuel. Preuve en est, cet accord de méthode mêlait, articulait, la complémentaire santé et la prévoyance. Or, le gouvernement a décidé de les scinder en deux pour des raisons qui lui sont propres. Nous aurions pu dire « fin de la partie », au regard des interactions naturelles qu'il y a en matière d'assurance sociale entre ces deux pôles que sont l'assurance maladie et la prévoyance. Nous avons continué parce que nous tenions à un accord de méthode. L'accord-cadre PSC à l'État a été un mécanisme d'ordonnancement et de régulation.

On s'interrogeait : fallait-il des accords ministériels sans accord interministériel ou un accord interministériel ? L'État a voulu un accord interministériel pour que les ministères ne fassent pas n'importe quoi. Ont donc été privilégiés : liberté de négociation, autonomie des acteurs, mais extrêmement encadrées par un socle parce qu'on est

dans la fonction publique, parce qu'on est dans le statut, et il fallait que ce soit commun, quelque part.
Par rapport au sujet : on a un objet général qui est la PSC, dans une déclinaison très particulière à la fonction publique.

Qu'est-ce que nous en avons fait par rapport à l'ANI ?
Nous avons introduit la solidarité avec les retraités qui n'existe pas dans l'ANI. Nous avons introduit la cotisation plus ou moins indexée au revenu de l'agent, ce qui n'existe pas dans l'ANI. Nous avons introduit le pilotage paritaire de A à Z des contrats de PSC qui existent uniquement dans l'accord UCANSS, à ma connaissance.
Donc vous voyez évidemment la marque de l'héritage de la fonction publique et de son syndicalisme, de son dialogue social sur un objet qui apparemment est partagé, mais qui devient alors un objet fonction publique. Cette négociation spécifique commence déjà à impacter le privé, puisque mes camarades de la métallurgie, etc., grands négociateurs devant l'éternel – devant l'éternel, je parle du code Dalloz – ont dit : « Qu'est-ce que vous avez fait là ? Il nous faut la même chose. »

Je terminerai mon propos sur les limites de cet exercice de négociation PSC-Fonction publique sur trois versants, au regard, par exemple, de l'article 72 et l'autonomie des collectivités territoriales.
Cette libre administration, vous êtes des juristes, a inversé le processus. À l'État, c'est l'accord, le décret, que nous sommes en train de négocier en ce moment. Dans la territoriale, c'est le décret puis l'accord. Mais quel règlement pour quel encadrement juridique ?
Souvenez-vous de l'accord-cadre, préparatoire à l'accord ministériel. Quel encadrement dans la FPT, eu égard au rapport entre la matière légale et la matière réglementaire dans la territoriale, et quelle possibilité de négociation avec

plus de 40 000 employeurs ? Avec des employeurs qui seront en pleine capacité, des grosses collectivités, des métropoles, des intercos, etc., et des petits employeurs qui ont des compétences qui sont extrêmement limitées en matière RH ?
Je terminerai, avec la fonction publique hospitalière, et le rapport que la PSC va entretenir avec le statut des hospitaliers et l'article 44, notamment les soins gratuits qui sont plus anecdotiques qu'une réalité, mais auxquels les syndicats tiennent beaucoup.
Vous voyez bien que cet objet commun entre les travailleurs – pas seulement les salariés – ce bloc PSC correspond à l'évolution de notre modèle de protection sociale vers un modèle beveridgien, c'est un véritable objet politique qui selon la majorité au gouvernement doit passer coûte que coûte, ne peut pas se développer de la même manière dans le privé et dans les trois versants de la fonction publique.

Paul-Henri Antonmattei : Merci beaucoup. Monsieur Rouquette.

Jean-Louis Rouquette : Merci. On parlait jeu des acteurs, et on a parlé notamment du rôle de la DGAFP, je vais commencer mon propos très brièvement par une petite pique à l'endroit de cette très noble et respectable administration. Je pense qu'à un moment il faut choisir son rôle. La DGAFP depuis vingt ans se rêve, c'est son mot d'ordre, comme la DRH de l'État. Le problème, c'est qu'on ne peut pas être à la fois le patron des employeurs et le régulateur, et le producteur de la norme, on ne peut pas être à la fois le MEDEF et la direction générale du travail. Il y a un moment où il faut choisir. Effectivement, la DGAFP est toujours un peu dans cette espèce d'ambiguïté, et il y a quand même un jour où il faudra essayer d'en sortir parce que manifestement actuellement, on le voit bien d'ailleurs, comme le disait Philippe Soubirous à l'instant sur une négociation, selon les moments ou selon les cas, on voit bien qu'elle est soit l'un, soit l'autre, mais il faut choisir. On ne peut pas être les deux. Pardon de cette remarque, mais la DGAFP m'a suffisamment fait souffrir pendant cinq ans, en tant que modeste DRH, pour que je puisse me venger un très bref instant.

Ce que je voulais évoquer plus concrètement, ce sont les quelques regrets qu'on peut avoir en tant que missionnaire sur ce sujet de la négociation collective au regard du dispositif qui a été mis en place. Globalement, le bilan est positif ; vous savez quand on rédige des rapports avec des propositions, assez souvent, on fait plutôt le constat décevant du grand écart entre les propositions et les réalisations. Au cas d'espèce, on peut considérer que le dispositif retenu rend grâce au travail qu'on a pu faire avec Marie-Odile Esch et Christian Vigouroux.

Il y a quand même quelques petits points sur lesquels on peut exprimer des regrets.
Un des thèmes essentiels sur lequel nous avons beaucoup, beaucoup travaillé, était la question de la liste des sujets ouverts à la négociation collective, et donc aux accords collectifs. Curieusement, il y a un point qu'on n'a jamais réussi à faire mettre dans cette liste. C'est celui des droits syndicaux. Typiquement, les droits syndicaux, ça ne se limite pas au texte sur les autorisations d'absence, etc. C'est très important, mais il n'y a pas que ça, il y a aussi la question du budget qu'on va donner aux organisations syndicales. Quelles sont les règles pour l'accès aux intranets ministériels, est-ce qu'on leur permet d'utiliser les messageries pour envoyer la propagande syndicale ? Comment prépare-t-on les élections ? Donc il y a un vaste

domaine qui est assez naturellement un champ de négociation et qui aurait très bien pu déboucher sur des accords collectifs. Pourquoi ce sujet n'a-t-il pas été repris dans la liste, dans l'article 8 ter de la loi du 13 juillet 1983 ? Je ne sais pas. Je crains que ce ne soit pas nécessairement pour de très bonnes raisons.

Il y a une deuxième chose qu'on a essayé de tuer dans le cadre de la mission, une forme de préjugé, qui apparaissait depuis le rapport Fournier de 2002, et qui figurait assez explicitement dans notre lettre de mission. C'était l'idée qu'il faudrait une homologation formelle des accords collectifs par une autorité tierce qui ne serait pas les négociateurs, employeurs ou organisations syndicales. On a essayé de tuer ça en disant : « Le principe simple doit être qu'à partir du moment où quelqu'un a le droit de faire quelque chose par voie de décision unilatérale, il doit avoir le droit également de le conclure par voie d'un accord collectif. » Donc il n'y a aucune raison qu'une autorité tierce, que ce soit la direction du budget, la direction générale de la fonction publique, le pape, ou l'ONU, vienne lui dire que son accord est recevable ou pas. Donc on avait plutôt essayé de se débarrasser de cette idée de l'homologation. Mais chassez le diable par la porte, il revient par la fenêtre ! On a quand même réussi dans le texte final à nous ramener l'homologation obligatoire dès l'instant que l'accord porte sur des thèmes tels que la rémunération ou les conditions de promotion. On peut comprendre, parce que ce sont des sujets sur lesquels il y a des normes assez précises qui sortent d'arrêtés co-signés avec le budget, la fonction publique, le ministère employeur. On peut se dire que le fait qu'il y ait un œil extérieur est assez logique. Pour autant, dès lors que le cadre a été fixé, pourquoi vouloir en censurer la mise en œuvre ? L'employeur tout seul ne peut pas s'engager sans munitions suffisantes parce qu'il a déjà co-signé des textes-cadres. Donc à mon sens l'exigence d'homologation sur cette question est superflue et j'espère qu'elle disparaîtra à terme.

Je voudrais signaler également deux petits hiatus ou deux angles morts dans la réforme.
Il y en a un qui a été abordé dans l'intervention qui précède, c'est la relation entre l'accord collectif et les lignes directrices de gestion. On voit bien que partiellement ça porte un peu sur les mêmes sujets. Pourtant, les lignes directrices de gestion, si on lit les textes, sont approuvées au terme d'un processus pour lequel la négociation collective n'a en théorie pas sa place. Alors, on s'est interrogé : pourquoi cela ? On est allés voir les gens qui avaient rédigé les textes sur les lignes directrices de gestion, ils nous ont dit : « Oui, vous avez raison, on pourrait tout à fait négocier et conclure des accords collectifs sur ce sujet. » Quand on est passés à l'étage supérieur, cabinet du ministre, etc., il nous a été dit : « Non, pas question, les lignes directrices de gestion, c'est un sujet très important, beaucoup trop important pour être laissé à la négociation collective. Donc, il n'est pas question que la négociation collective empiète sur les lignes directrices de gestion. » Moyennant quoi, à la minute où l'on nous disait ça, tous les employeurs publics qui devaient établir des lignes directrices de gestion avaient déjà constitué des groupes de travail dans tous les sens, avec des organisations syndicales, pour essayer de mettre en place leur propre canevas de lignes directrices de gestion. Mais à cette heure, subsistent dans le texte deux objets qui se recouvrent potentiellement partiellement, mais dont les processus de négociation ne se recoupent pas.

On a un deuxième sujet, également, qui ne sera pas absolument clair pour les acteurs, c'est l'articulation entre l'accord collectif et le rôle des instances. Les comités sociaux d'administration ont un certain nombre de compétences qui sont très clairement définies dans les textes, et ces attributions recouvrent aussi en partie les domaines de négociation collective dans lesquels on peut signer des accords. Alors, qu'est-ce qu'il faut faire ? Est-ce qu'on laisse chacun vivre dans son coin ou est-ce qu'il faut que, d'une certaine façon, l'accord collectif, par exemple, soit présenté à un moment donné pour approbation, pour avis au comité social d'administration. On a beaucoup tourné autour de ce sujet entre nous. Il y avait les partisans de l'autonomie de l'accord collectif, après tout, il a été signé, en tout cas, il a été négocié, il est potentiellement signé, pourquoi aller au comité social d'administration ? Au final, on avait plutôt proposé de passer l'accord au comité social d'administration, d'une part parce que beaucoup de sujets se recoupent, d'autre part parce qu'au fond ça nous paraissait être une façon à la fois de solenniser l'accord et aussi de vérifier de cette façon la validité des mandats des négociateurs de l'accord. Les syndicalistes qui sont présents dans le comité social d'organisation ne sont pas nécessairement ceux qui ont négocié et potentiellement signé l'accord, donc d'une certaine façon, ça permettait de vérifier les choses. Dans le texte final, ce point n'est pas tranché, c'est-à-dire que le guide de la négociation collective récemment publié, qui était évoqué tout à l'heure, qui est plutôt effectivement très bien fait dit : « Il y a l'accord collectif, etc., et ça n'enlève rien aux attributions et aux compétences du comité social d'administration. » Résultat : comment résoudre la chose ? Il sera intéressant de voir en pratique comment ça se traite… Mais là aussi je pense qu'il y a un petit hiatus dans le dispositif juridique.

Autre domaine également peut-être d'insatisfaction, il est certain que sur les mesures d'accompagnement et d'encouragement au dialogue, la mission se voulait plus ambitieuse. Par exemple sur la thématique de la négociation obligatoire, nos propositions allaient assez loin. Ce n'est que très partiellement retenu. Il y avait également la question du droit d'initiative des organisations syndicales, on l'évoquait tout à l'heure en disant que ce qui était important, c'était surtout de négocier avec les syndicats des agendas sociaux, plutôt que de se faire imposer une négociation par 100 % ou 50 % des organisations syndicales. Il y a quand même un pas en ce sens, une obligation de négocier sur l'opportunité d'une négociation…, c'est déjà quelque chose, ce n'est pas si mal.

Vous avez évoqué, professeur Antonmattei, la question du principe de loyauté. Je regrette également beaucoup que le principe de loyauté n'ait pas été inscrit dans le texte. C'est un principe qui dans le droit du travail a émergé de façon jurisprudentielle, vous l'avez dit, avant de rentrer dans la norme. Je pense qu'il était tout à fait naturel de le retenir pour la fonction publique. Mais comme vous l'avez dit également, je crois que ce n'est pas non plus très grave. Ce qui est important, c'est l'accord de méthode et son contenu ; et puis et le juge fera son travail, et finira par l'imposer dans le droit de la fonction publique. Mais enfin, c'est un petit regret, je trouve que symboliquement ça aurait été pas mal de mettre ça dans le texte.

Alors, maintenant, au-delà du texte, que va-t-il se passer sur l'avenir ? Effectivement, il ne suffit pas d'avoir un joli texte pour que ça fonctionne. Pour qu'une musique soit bonne, il faut de bons interprètes, une bonne partition et un bon instrument. Nous, on a surtout travaillé sur la qualité de l'instrument. Le reste, on l'a largement évoqué ce matin, c'est des questions de culture, de formation, c'est aussi des questions de pilotage, encore faut-il aussi que les administrations de tutelle s'impliquent dans ce sujet, fassent remonter les textes, éventuellement les regardent, les fassent vivre, généralisent ou mutualisent les bonnes pratiques, comme ça a pu être évoqué. Il faut aussi de la formation, il faut aussi que les DRH soient évalués sur leur capacité à passer, conclure des accords. Ce n'est pas le cas, aujourd'hui, vous êtes nommé DRH, on ne va pas vous juger votre prime de performance sur le fait que vous ayez signé ou pas des accords, mais ça fait partie des choses qui mériteraient de changer. Je pense que sur ce point-là, ce sera très intéressant dans deux ans ou dans cinq ans de refaire un peu le même colloque et d'avoir des éléments de recul pour savoir si le dispositif juridique et les quelques mesures d'accompagnement retenues ont déclenché la mécanique vertueuse que l'on espère tous.

Paul-Henri Antonmattei : Merci beaucoup. Nous avons traité dans le secteur privé la question de la relation entre l'accord et l'instance de représentation. On nous a imposé pendant des années la jurisprudence exigeant de recueillir l'avis préalable de [comités d'entreprise à l'époque, CSE aujourd'hui] et nous avons tous constaté que c'est très compliqué. Le législateur a donc voulu nous aider en supprimant l'exigence de recueil de l'avis de l'instance avant la signature. Ça n'empêche pas, évidemment, l'information. Revenons à la fonction publique et à l'exemple de Suresnes. Avec 38 accords, Suresnes a déjà épuisé fortement les catégories. Donc j'ai simplement une question à poser à madame de Lavalette : quel est votre agenda maintenant, avec vos partenaires ?

Béatrice de Lavalette : Je voudrais revenir sur deux choses. Sur ce qui a été dit tout à l'heure sur les formations. C'est très important. Monsieur Antonmattei, vous avez parlé des formations avec des cadres et des représentants syndicaux dans l'entreprise, et l'intérêt qu'il y avait à organiser ces formations communes. L'une des plus grosses difficultés que l'on a dans cette politique de dialogue social, c'est une résistance avec l'encadrement. Les acteurs ont eu l'impression, quand on a mis en place la politique de dialogue social, qu'ils étaient dépossédés, quelque part. Donc j'ai été obligée de mettre en place en interne des formations communes pour expliquer quelles étaient la nécessité et l'utilité de cette politique du dialogue social. Effectivement, ça a tout transformé. Aujourd'hui, je confirme totalement, les acteurs sont en réseau et ont l'habitude de travailler ensemble, et ça a vraiment créé une dynamique fantastique sur les thématiques, c'est important. La loi effectivement liste quatorze thématiques de négociation collective… Je crois que rien n'a été oublié. J'ai dit tout à l'heure : je regrette vraiment que la charte de reconnaissance du parcours syndical soit la grande thématique oubliée de la loi qui vise à renforcer le renouvellement des équipes et surtout à reconnaître les compétences acquises dans le cadre d'un mandat. J'espère qu'un jour on évoluera là-dessus. Il n'y a que le Conseil régional d'Île-de-France qui l'a mise en place. Le chèque syndical, que nous avons mis en place à Suresnes et dont je parlais ce matin, je trouve que c'est une bonne chose. Sur l'égalité femmes-hommes, nous avons signé trois accords, ce qui montre bien que cette loi ne fait que renforcer ce que nous avons mis en place.

Sur le handicap, nous avons signé plusieurs accords portant notamment sur l'accompagnement d'étudiants handicapés par des salariés d'entreprise. Sur la QVT, il a été dit que c'était difficile de signer des accords. Nous avons signé plus d'une vingtaine d'accords sur ce sujet dont certains qui n'existent nulle part ailleurs, prévoyant par exemple la possibilité de pratiquer une heure d'activité sportive et culturelle sur le temps de travail. Pour ne pas déroger aux 1 607 heures, nous l'avons inclus dans un plan de formation avec des compétences, nous avons travaillé pendant des mois avec des professeurs de sport, du conservatoire pour voir quelles compétences pouvaient être acquises dans le cadre de la chorale ou même des échecs, de l'improvisation théâtrale, l'aquagym ou la marche douce. À chacune de ces activités sportives et culturelles sont liées de compétences. Cela n'a pas été simple car c'est souvent perçu comme du gaspillage d'argent public. Au contraire, beaucoup d'études montrent – je suis allée dans des pays d'Europe du Nord – que cela permet de réduire l'absentéisme de 6 à 30 % et que ça favorise l'innovation, la créativité. La même chose peut être observée sur l'accueil des animaux de compagnie au bureau. Nous avons signé un accord sur l'accueil des chiens au bureau et, depuis, les villes de Grenoble, Strasbourg, Blois, Nice nous ont suivis depuis alors que si j'avais écouté l'administration, je n'aurais signé aucun accord.

Notre force a été de signer des accords, non de simples chartes. Nous ne l'aurions pas fait, nous n'avions pas signé avec les organisations syndicales et notamment avec la CGT qui est largement majoritaire à Suresnes. Nous avons aussi des activités sportives hors temps de travail comme le yoga, la sophrologie, que nous considérons vraiment comme des leviers de performance, d'innovation. Pour légitimer le processus, il faut s'appuyer sur des études car conclure des accords sur des sujets tels que les chiens au bureau peut faire sourire de prime abord. Pourtant, pendant des mois nous avons auditionné des professeurs de médecine, des spécialistes du stress au travail qui nous ont dit que le chien agissait comme un antipoison, favorisait le dialogue, l'échange, la communication. Évidemment, il faut signer une charte pour s'assurer que ça ne dérange personne, que personne ne s'y oppose mais aujourd'hui, une quinzaine de chiens viennent dans une dizaine de services différents, et nous sommes vraiment dans une dynamique favorable.

Tout ceci montre qu'il ne faut pas toujours attendre la loi qui vient d'en haut et qui en général ne s'applique pas. C'est pour cette raison que je pense que l'on ferait bien de s'inspirer de pratiques innovantes et réussies telles qu'elles existent dans le public comme dans le privé. Je m'inspire beaucoup de ce qui se fait dans le privé, et je crois que l'exemple de Suresnes inspire aussi d'autres collectivités et des entreprises qui viennent voir les dispositifs que nous avons mis en place. Il faut prendre les bonnes pratiques là où elles sont, ce qui pourra permettre d'aller loin dans la fonction publique. Dans la fonction publique territoriale, les textes permettent finalement d'aller très loin dans l'innovation et dans l'expérimentation. Je terminerai en disant que ce qui est important, c'est les interlocuteurs. Quand on a la volonté d'avancer, de signer des accords et des compromis, on arrive à le trouver. Pour moi, l'OIT a été un très bon exemple.

Paul-Henri Antonmattei : Merci beaucoup, Béatrice. Laurence ?

Laurence Laigo : Je voulais aussi revenir sur différents points abordés qui sont d'ordres très différents.

Le premier concerne la situation des contractuels. La gestion des formes d'emploi dans la fonction publique est, à mon sens, un sujet – on pourrait d'ailleurs avoir des soucis avec l'Europe sur ce sujet – auquel il va falloir s'attaquer. Il est peut-être pris en charge en proximité, mais trop d'administrations abusent des contrats courts et précaires, notamment dans l'hospitalière, ce qui est source de grandes difficultés. On fait cohabiter contractuels, fonctionnaires, tout ça sans aucune possibilité de pérennisation, même quand les directeurs ont la volonté de négocier sur ces sujets. Les agents contractuels sont dans des situations de précarité en termes de carrière, de parcours, de recours à l'assurance chômage, de formation qui les placent quasiment dans une zone de non-droit. C'est évidemment différent selon le versant de la fonction publique concerné mais il y a des cas très compliqués. Il y a donc ici un sujet majeur à traiter.

Tout comme Béatrice, je suis très sensible à cette proposition de formation commune. En effet, ce sont des choses qui marchent très bien qui obligent à se mettre à la place de l'autre, connaître les contraintes de l'autre. Cela aide aussi à se connaître et à dire comment au fond chacun aide l'autre à dépasser ses difficultés et je trouve que c'est un élément extrêmement important. Il y a souvent une mauvaise interprétation de la raison pour laquelle les uns et les autres ne peuvent pas s'engager dans la négociation. Ce sont souvent des a priori. Il y a aussi la question du langage : le champ syndical est un univers militant avec un langage, un champ lexical particulier, la même chose est observable du côté DRH. Il y a des mots qui sont importants dans la négociation, la compréhension de l'autre et le processus passe aussi par l'adoption de ces codes. Il faut donc savoir avoir parfois un champ lexical commun.

Autre point, en lien avec ce qu'avait dit Antony Taillefait ce matin : naturellement, la différence entre systèmes marchands, non marchands, etc. change le périmètre et les thématiques de négociation, mais en tant que tel, l'acte de négocier peut s'adapter à l'ensemble des univers. Selon les cas, il est bien sûr plus ou moins restreint mais il faut simplement trouver la place adéquate de la démocratie sociale par rapport à la loi par exemple car la coexistence des deux objets peut amener de la régulation dans des espaces où il faut absolument organiser une articulation. Tout ceci pose la question de la coexistence de la décision unilatérale avec le dialogue envisagé comme un partage d'expertise, de diagnostic faisant de la confrontation des points de vue une richesse. Il est évident qu'on ne peut pas négocier partout sur les mêmes sujets, mais je crois que l'envie de négocier dépasse pour moi certains obstacles. On le voit d'ailleurs dans certains pays où il y a un statut et où, pourtant, il y a une construction des consensus qui se fait très bien.

Tout ceci est lié à un sujet encore peu abordé pour la fonction publique, qui reste à mon avis un sujet aussi pour le privé, qui est celui du conseil, de l'expertise. Je ne crois pas que ça a été abordé dans les textes et dans les éléments qui ont été soulevés par les différents travaux, mais je crois qu'en même temps qu'on veut faire évoluer la démocratie sociale, il faut aussi repenser l'accompagnement et l'expertise, puisque c'est l'expertise qui a conduit aussi à la réforme des IRP, faute de s'attaquer aux acteurs. C'est un sujet délicat. Pour avoir été syndicaliste et avoir fait du conseil pour les directions, j'arrivais à trouver des formes d'accompagnement avec des experts qui accompagnaient les syndicats, qui étaient extrêmement profitables. Il y a des choses aussi à inventer de ce côté-là, derrière les formations communes il y a aussi parfois des diagnostics sur les questions économiques, des choses très intelligentes qu'on peut faire. Vu la complexité des problématiques qui sont celles de la négociation aujourd'hui par rapport aux sujets abordés il y a trente ans, cette question de l'accompagnement par l'expertise et la formation, vraiment est centrale. En effet, on peut être très bon syndicaliste mais le monde va tellement vite qu'il y a toujours à apprendre.

Cette question de l'accompagnement des acteurs est donc fondamentale.

Paul-Henri Antonmattei : Je vais donner la parole aux acteurs puisqu'on a la chance d'avoir à nouveau des représentants de collectivités territoriales dans les débats ainsi que de la fonction publique hospitalière, et on attend beaucoup de leur témoignage en raison de la situation d'exposition des personnels de la fonction publique hospitalière depuis le début de la crise sanitaire. Je crois que la sortie de crise, aussi, est un élément qui interviendra dans le cadre des négociations susceptibles d'être menées, mais je voulais, avant de leur donner la parole, insister sur une différence entre la négociation collective chez les employeurs de droit privé et de droit public. Nous avons, dans le Code du travail, des dispositifs d'organisation, de ressources humaines, qui ne sont accessibles que par l'accord collectif. Quelques exemples : si vous voulez une convention de forfait en jour à l'année, qui est une technique extrêmement intéressante de détermination du temps de travail, notamment pour l'encadrement, et que vous n'avez pas d'accord collectif, vous ne pouvez pas y accéder. Vous voulez un représentant de proximité dans l'organisation de la représentation du personnel ? Si vous n'avez pas un accord collectif, vous n'avez pas le partenaire de proximité. Il me semble que vous n'avez pas opté encore, et je parle sous le contrôle de monsieur Rouquette, pour un accès à des formes d'organisation des ressources humaines qui dépendraient exclusivement de l'accord collectif.
Vous l'avez bien dit, la fonction publique positionne aujourd'hui l'accord collectif comme un rival de la décision unilatérale du responsable de l'entité en question. Mais peut-être connaîtrez-vous aussi une phase 2 dans quelques années. On verra alors l'état d'avancement du dialogue social et des accords collectifs et, peut-être, on observera

que ce n'est plus la décision unilatérale qui permet d'accéder à ce dispositif, mais l'accord collectif. C'est un élément qui dynamise l'accord collectif sans passer par l'obligation collective : créer chez le dirigeant d'entreprise la voie et le réflexe de négocier parce qu'il sait que s'il ne négocie pas, il n'aura pas cet avantage en termes d'organisation. C'est une évolution extrêmement importante dans le secteur privé. Ce que les dirigeants français de la plus grande à la plus petite entreprise ont mis beaucoup de temps à comprendre, c'est que l'accord collectif devenait à proprement parler un outil stratégique d'organisation. C'est pour ça que je parle aujourd'hui de stratégie sociale, plutôt qu'effectivement de ressources humaines en tant que telles car on est au-delà de la ressource humaine, on est sur des éléments de stratégie sociale pour l'entité. Passons justement à l'exemple de la ville et la Métropole de Montpellier, dont nous avons une représentante à cette table ronde. Quelle est, madame Fortin-Peyron, votre expérience du dialogue social avant l'intervention de ces dispositifs et après l'intervention de ces dispositifs, quel est au fond votre agenda de dialogue social ? Sur quels thèmes ? Quelles sont vos difficultés, quels sont vos enjeux ?

Blandine Fortin-Peyron : Venant d'arriver à Montpellier, je parlerai de manière générale sur ces points. Ce que je peux en dire, en effet, c'est que les récentes obligations réglementaires nous ont placés dans des situations contraintes dans la méthode et le timing. La mise en place des nouveaux instruments tels que les LDG, le rapport égalité femmes-hommes, le télétravail… a conduit un certain nombre de collectivités qui étaient peut-être plus traditionnelles dans leur politique RH à avancer à marche forcée pour se mettre dans le cadre de la réglementation, ce qui explique qu'on n'a pas forcément toujours pu faire ce qu'on voulait en termes d'évolution des pratiques, des modes de fonctionnement et de la concertation sociale, qu'elle soit avec les syndicats, ou les services, qui sont aussi parties prenantes de ces sujets-là.

Ce que je retiens de mon expérience, en termes de transformation du dialogue social, c'est qu'en effet beaucoup d'outils nous ont été proposés. Des outils qui sont censés nous faire monter en prospective, monter en stratégie pour nous donner une vision qu'à terme on devrait partager entre représentants du personnel, entre administrations, entre élus parce que visiblement ce n'est pas toujours le cas dans toutes les structures. Mais le temps, les formations, l'habitude et la culture aussi de chacune des entreprises – j'inclus les collectivités dans le propos – ont nécessité d'évoluer, ce qui fait qu'aujourd'hui il y a certainement encore de nombreux progrès à faire. On a des beaux outils, les lignes directrices de gestion, les rapports égalité hommes-femmes… qui, potentiellement, peuvent être assez puissants dans ce qu'on peut décliner en termes de protocoles d'accord, de plan d'action d'agenda social. Pourtant, j'ai constaté que tant nos représentants syndicaux que les services n'étaient pas forcément prêts à franchir ce cap de formalisation, de vision un peu plus prospective. Beaucoup de collectivités se sont donc contentées de remplir leur obligation réglementaire, ce qui est un peu dommage. Cela suppose qu'on revienne aussi sur ces sujets et instruments dans le temps pour pouvoir creuser les choses. Cela rejoint aussi la question de double formation qu'il va falloir qu'on ait tous, au niveau services et au niveau représentants syndicaux sur ces volets. Ces évolutions dépendent sans doute des cultures de chacune des collectivités. Sur les deux collectivités que j'ai pu voir, il y avait des appréhensions du dialogue social et de la place des syndicats, de l'organisation de ces échanges qui étaient assez différentes. Sur la Ville de Montpellier, ville, métropole, nous avons neuf têtes de liste sur les organisations syndicales. J'étais auparavant dans une collectivité où il y en avait beaucoup moins, et on avait l'habitude déjà, même si les termes n'étaient pas forcément employés, d'avoir des protocoles d'accord, de négocier les protocoles méthode aussi, de travailler aussi sur un certain nombre de sujets, sur des groupes de travail mixtes où on associait syndicats et représentants de nos services, notamment sur des enjeux sociétaux ou d'évolution de nos dispositifs, sur l'apprentissage, la gestion du temps de travail, etc. Nous avions déjà ces pratiques-là malgré tout, et ce n'est pas parce qu'on n'avait pas un accord réglementairement opposable que nos syndicats ou nos agents ne nous mettaient pas aussi face à nos contradictions. Le cadre était, d'une certaine manière, déjà posé. Il est certain qu'en fonction des cultures et des dynamiques, les choses pourront différer et, en effet, un cadre réglementaire ne peut pas forcément faire avancer les pratiques et la culture aussi facilement que cela. Aujourd'hui, je note cette dichotomie entre les dispositifs, qu'ils soient en termes d'instances ou d'outils, et la pratique qu'on veut en avoir et qu'on va pouvoir se donner le temps d'avoir, tant au niveau du dialogue social qu'au niveau des services RH pour s'adapter à ces nouvelles prospectives. On parlait beaucoup de GPEC, etc., mais il y a beaucoup de termes qui peuvent être des mots-valises, sur lesquels chacun met un peu ce qu'il veut. En effet, derrière le « management », la « RH », il y a des individus. Oui, il faut qu'on travaille la mobilité, il faut qu'on travaille l'anticipation des métiers, mais il faut aussi que ça se traduise concrètement. Nous avons aussi cette préoccupation de pouvoir le concrétiser dans le quotidien, avec les organisations syndicales, sur des dispositifs tangibles. Je pense que les accords collectifs seront sans doute de beaux outils qu'il va falloir qu'on expérimente, même si sur Montpellier, nous étions dans ce dialogue. Je rejoins ce que disait ma collègue au niveau de l'hospitalière : notre rôle dans l'administration, c'est de veiller à ce que les choses se passent bien parce qu'on a la continuité du service à organiser dans l'hospitalière surtout, mais dans les collectivités locales aussi. Même si on n'a pas ces techniques de négociation, en réalité, on négocie un peu tous les jours. Quand on négocie sur la situation individuelle, on négocie aussi sur des situations collectives pour faire en sorte que les choses ne se crispent pas et qu'on n'en vienne pas à un certain nombre de conflits. Tout ceci repose la question de la gouvernance parce que notamment dans les collectivités, la gouvernance et l'organisation des négociations sont un peu particulières, ce qui nécessite d'avoir la bonne formation, le bon rôle pour pouvoir représenter. On a bien évidemment les services RH, les services opérationnels portent aussi certaines réorganisations, certains projets et ont également ce rôle de dialogue social qu'il faut accompagner. Il y a aussi tout ce qui va être la chaîne hiérarchique, si je puis me permettre, qui est double dans une structure. On a à la fois l'administration avec au plus haut le DGS et on a aussi des représentants du maire ou des élus en délégation. On peut avoir aussi des divergences entre les positions administratives et les positions politiques qui peuvent complexifier le jeu du dialogue social, sur lesquelles, en tout cas, il faut être relativement aussi vigilant, à mon sens, pour avoir une ligne cohérente de l'employeur dans sa globalité, parce qu'un bon accord, qu'il soit dans le cadre d'un accord collectif ou pas, à mon sens, c'est aussi un accord où tout le monde se retrouve un peu gagnant. On ne peut pas se servir d'un accord pour avoir une administration en défaut, pour n'avoir que des syndicats en défaut ou que des élus. Il faut donc vraiment qu'on ait ce volet donnant-donnant, qui doit aussi pouvoir être travaillé collectivement.

Concrètement, plusieurs sujets vont nous occuper sur Montpellier, qu'il s'agisse d'applications réglementaires diverses qu'il nous faut mettre en œuvre dans un calendrier imposé, de négociations salariales mais aussi de discussions portant sur la qualité de vie au travail. Nous avons de vrais volets à travailler avec les organisations syndicales. Je ne sais pas si l'accord collectif en tant que tel est un des outils, mais en effet, pour pouvoir former des politiques et des actions concrètes auprès des agents, il faut pouvoir travailler avec eux parce qu'ils connaissent aussi les services. Ils ont un autre regard que ce qu'on peut avoir au niveau administratif. Ils ont aussi ce rôle d'accompagnement individuel des agents qui permet parfois de faire remonter à l'administration des choses qui ne vont pas et peuvent nous aider à accompagner certaines situations délicates. Il est essentiel de prendre en compte ces éléments dans nos pratiques de dialogue social.

Paul-Henri Antonmattei : Merci beaucoup. Dernier témoignage de notre table ronde, madame Valérie Brunier, directrice d'hôpital, qui, je pense, a beaucoup de choses à dire.

Valérie Brunier : Merci. Tout d'abord, je voudrais aborder cette notion de négociation collective sous l'angle de la résilience puisqu'aujourd'hui à l'hôpital c'est un terme dont on a besoin. Quand j'ai lu ce texte, puisque j'ai la chance de dispenser des cours de droit hospitalier à l'IPAG de Montpellier, j'ai d'abord eu le réflexe de penser qu'il ne nous apporterait pas grand-chose. Les négociations collectives me ramenaient à un souvenir précis. J'ai commencé une carrière de DRH à l'hôpital d'Alès, ville de mines, CGT 90 %, où la première rencontre que j'ai eue avec les organisations syndicales, a été un envahissement des bureaux de la DRH pour me signifier que mon arrivée impressionnait peu. Cela a été pour moi une sorte de bizutage. C'est pour ça que je parlais à titre individuel de résilience. De ce fait, la négociation pour moi s'est avérée indispensable dès le départ, en ce sens que j'ai vite compris que, même si j'avais beaucoup de courage, cela ne valait pas la peine de tenter le rapport de force dans ce contexte. De fait, on est rentrés de suite dans des négociations collectives pour tout, parce qu'en plus, éthiquement parlant, il me semble qu'un bon accord c'est un accord qui est valide et validé par chaque partenaire, sinon ce n'est pas un accord. Certes, nous imposons, la réglementation est là pour ça, je sais l'utiliser aussi quand c'est nécessaire, c'est-à-dire que quand on veut me négocier des salaires malheureusement statutairement je n'en ai pas la possibilité. On négocie d'autres choses, on applique aussi des règles un peu plus souples quand c'est nécessaire pour garantir la continuité et la permanence des soins. C'est pour ça qu'au départ, quand j'ai lu ce texte, je me suis dit qu'il enfonçait des portes ouvertes.

Puis, je me suis dit que dans l'hospitalière, la réforme pouvait avoir une influence à la fois sur les personnels médicaux et non médicaux, ce qui est fondamental et pas si simple à réaliser. Il faut savoir que l'hôpital est un monde dans un monde dans lequel il y a des corps de métiers qui parlent entre eux et qui, de toute façon, s'affirment comme entités complètement dissonantes. Un médecin n'assistera jamais à une réunion de non-médicaux. Un médecin n'écoutera jamais des représentants du personnel et n'ira jamais en soutien aux représentants du personnel parce que ce n'est pas son rôle, ce n'est pas sa fonction et ça ne le regarde pas. Arriver à engager des négociations collectives, c'est là où pour moi ça relève de la résilience, m'intéresse parce qu'aujourd'hui à l'hôpital, on vit des moments très durs, qui ne relèvent pas que de la crise du Covid. La crise du Covid n'a fait qu'épuiser les équipes encore un peu plus, mais la crise était déjà là. En 2019, déjà, il y avait eu des grosses alarmes. En 2016, Marisol Touraine parlait d'hôpital désenchanté, et en 2009, pour ne remonter qu'à 2009, les médecins criaient que tous les pouvoirs étaient au directeur et qu'eux n'avaient plus aucun pouvoir à l'hôpital.

Les négociations qu'on a pu avoir n'ont pas calmé le jeu parce qu'elles ont mis en avant énormément de problématiques qui n'ont jamais été réglées. La première, évidemment, concerne toutes ces économies qu'on a dû faire. Un plan de trois milliards d'économies sur trois ans, pour les hôpitaux, ça a été un couperet. On s'est tous réorganisés, on est tous rentrés dans des négociations collectives parce que pour se réorganiser, on y était obligés. On a réduit la voilure. Malgré tout ça, on n'y arrive toujours pas. La crise Covid est arrivée par-dessus, et là, ça a été « courage, fuyons » pour certains au bout de deux ans parce que c'était une question de survie pour eux. Ce qui explique notamment pourquoi aujourd'hui, on a des effectifs réduits. Madame Laigo évoquait tout à l'heure les CDD à l'hôpital. Vu le contexte, mes besoins en personnel sont énormes mais les candidats potentiels ne veulent plus venir. La fonction publique, ils n'en veulent plus. Ils viennent, ils testent et en fonction, ils voient après. Tout s'est inversé. Là aussi on est rentré dans de la négociation. Quand on recrute quelqu'un, que j'ai un CV d'infirmière, que je la reçois en tant que cheffe d'établissement et que je lui fais comprendre que l'ambiance et le contexte de travail au sein de mon hôpital sont bons – ce que je pense vraiment – je ne la garde pas forcément pour autant.

C'est pourquoi je me dis que ces négociations collectives vont nous aider à essayer de conforter une organisation collective qu'on a perdue à l'hôpital. Avant l'hôpital, les soignants – j'ai été soignante avant de reprendre mes études – étaient prêts à tout sacrifier pour le malade, quitte à sacrifier leurs heures de travail, quitte à tout sacrifier. C'était comme ça, on fonctionnait comme ça, on se réalisait par la valeur sociale, c'est-à-dire la valeur professionnelle. Le monde a changé, le monde a évolué, on ne l'a pas vu, évidemment, parce qu'on le voit toujours après. Aujourd'hui quand on essaie de vendre ça auprès des jeunes, même s'ils aiment toujours leur métier, qu'ils sont toujours attachés, heureusement, à la prise en charge du malade, on leur a imposé tellement de contraintes avec la T2A que tout ça a joué sur la motivation. La T2A, qu'est-ce que c'est ? C'est une notion médico-économique de la prise en charge qui signifie qu'à l'hôpital, il faut faire rentrer beaucoup de malades et faire sortir beaucoup de malades, pour pouvoir avoir toujours le même budget et payer nos professionnels. C'est un raccourci évidemment mais cela revient à cela globalement. Cela épuise nos professionnels, et la loi du 4 mars 2002 relative aux droits des malades, qui commence à dater, nous a obligés, nous hôpitaux, à tout tracer puisque cette loi a imposé un inversement de la charge de la preuve. L'hôpital doit prouver qu'il n'a pas fait de faute dès que survient le moindre problème. Nos infirmières, nos aides-soignants, passent leur temps à tout écrire, les secrétaires médicales passent leur temps à tout tracer pour prouver qu'on a tout fait dans les règles de l'art, et selon les réflexions bénéfices-risques. La charge de travail est donc multipliée par deux pour l'ensemble des professionnels. Les soignants ne sont plus uniquement auprès du malade. Ils ont une charge administrative beaucoup plus lourde qu'avant, et cette charge, ils ne l'avaient pas choisie. Autant, ils avaient choisi d'être auprès du malade, autant, ils n'avaient pas choisi de passer une demi-heure tous les jours à rédiger ce qu'ils ont fait dans la journée. Et, au-delà de ça, il y a ces rapports hiérarchiques qui font partie intrinsèquement de la fonction publique créée en 1946 sur un fonctionnement presque militaire. Le monde médical est hyper hiérarchisé, encore plus que les paramédicaux. Tout ça fait que les jeunes aujourd'hui ne s'y retrouvent pas, et que le sens du collectif qu'on avait avant n'existe plus. Aujourd'hui la priorité à l'hôpital, c'est de recréer ce sens du collectif, et c'est la raison pour laquelle en participant à ce groupe de travail auprès de la DGOS on a identifié quelque chose qui a fait consensus chez nous et qui consiste à s'interroger sur la façon de recréer le sens du collectif auprès des jeunes générations. C'est en les rendant acteurs de ce qu'ils font, en les faisant décider. Toutes ces questions, un jour, il faudra y répondre. Ça fait un moment que je suis convaincue qu'il faut reprendre toute l'organisation du départ, mais sous quelle légitimité ? Sous quel angle ? C'est très dur de tout reprendre dans tous les services. Et là, finalement je me dis que la négociation collective pouvait être une aubaine. Ça va peut-être nous permettre de servir d'alibi, peu importe, mais pourquoi ne pas utiliser ça pour tout remettre à plat et se mettre autour de la table avec représentants de médecins, de CME, de syndicat ? Je ne dis pas que ça va être facile, je ne dis pas qu'on va y arriver, mais je pense qu'on en est là. Aujourd'hui, si on ne rentre pas dans cette démarche de prévention, de changement de paradigme, on n'arrivera pas à sauver l'hôpital. Ce n'est pas forcément qu'une question de moyens supplémentaires. Voilà ce que je pouvais vous dire pour mon expérience.

Paul-Henri Antonmattei : Vous prêchez un convaincu, et je vous remercie pour vos propos extrêmement clairs, nets et précis, qui sont du reste une ouverture vers l'action du futur. Madame Fortin aussi a annoncé des pistes, à la fois pour sa propre entité, son propre périmètre, mais au-delà. Et pourrions-nous, universitaires, dire la même chose pour notre propre réalisation universitaire ? Nous savons que les procédures se sont renforcées, nous savons que les enseignants-chercheurs aussi ont vu grossir leurs obligations de *reporting*. La négociation dans le périmètre de l'université pourrait aussi être empruntée pour réorganiser, parce que c'est sans doute la meilleure façon de le faire, plutôt que d'attendre une décision unilatérale, d'où qu'elle vienne. Donc ça veut dire que nous avons beaucoup de travail, les uns et les autres, mais ensemble, on peut.

Rapport de synthèse

Emmanuel AUBIN-KANEZUKA
Professeur de droit public à l'Université de Tours

La sémantique est toujours utile en droit. Pour conclure les travaux de ce magnifique colloque sur un sujet qui reflète la création d'une nouvelle tendance du droit de la fonction publique[1], il me semble nécessaire de recourir à l'aide précieuse d'un dictionnaire comme l'ont fait de nombreux intervenants. Négocier, concerter et dialoguer sont les trois verbes qui ont émaillé les travaux et échanges lors de cette passionnante manifestation scientifique consacrée à la réforme du dialogue social. On négocie toujours pour obtenir quelque chose et le dialogue est le reflet de cette volonté d'échanger pour arriver à un résultat. De son côté, la concertation[2] est une manière de demander un avis préalable aux représentants des personnels avant que le gouvernement ne prenne ses décisions. La plume de Victor Hugo peut être d'un utile secours, on se souvient de la paronomase dans les conjurés d'Hernani : *ad augusta, per angusta* que l'on peut traduire approximativement par la phrase « vers de grands résultats par des chemins étroits ». La fonction publique n'a jamais ignoré la négociation collective, on peut même affirmer qu'elle en est issue ; il suffit à cet égard de se replonger comme l'ont fait plusieurs intervenants dans les débats lors de l'adoption du premier Statut général républicain. La fonction publique est née d'un compromis historique entre les gaullistes et les communistes, le Statut général de la fonction publique a

---

[1] Y. Madiot, « Les tendances récentes du droit de la fonction publique », D. 1974, chron., p. 251.

[2] M. Voisset, « Concertation et contractualisation dans la fonction publique », *AJDA* 1970, p. 388.

changé de sens après l'expérience douloureuse de 1941 et les syndicats ont fini par se rallier à l'idée d'un droit statutaire. Le premier Statut général de la fonction publique a été élaboré par le cabinet de monsieur Thorez (secrétaire général du PC qui deviendra le ministre en charge de la Fonction publique) en étroite collaboration avec la CGT. Le dialogue social a, quant à lui, été au cœur des réformes du secteur public ces vingt dernières années et surtout depuis 2010 dans le cadre de lois dans un premier temps puis, de façon plus contestable, par la technique plus expéditive des ordonnances en 2021. La tenue de ce colloque un an presque jour pour jour après l'ordonnance sur la négociation collective arrive donc à point nommé et il faut féliciter nos collègues Ludivine Clouzot et François-Xavier Fort (co-directeurs du CREAM) d'avoir pensé et organisé cette belle journée de réflexion qui a pleinement tenu ses promesses.

Ils ont d'ailleurs ouvert de la plus belle manière ce colloque en montrant combien l'histoire est complexe entre le dialogue social et le droit de la fonction publique. Il était important de recontextualiser les relations entre la fonction publique et le dialogue social. Comme souvent, le balancier de l'histoire revient en arrière et nous replonge au lendemain de la Seconde Guerre mondiale lors de l'adoption du Statut général de la fonction publique. La question se posait alors de savoir s'il fallait soumettre les fonctionnaires et agents publics au droit administratif ou bien au droit du travail que par facilité on dénomme droit commun. Autrement dit, fallait-il un droit imposé ne laissant pas de place à la négociation, voire à la discussion ou un droit reposant avant tout sur la négociation collective, le dialogue social ? On l'aura compris, le dialogue social doit être pensé et analysé en intégrant également les relations entre le droit de la fonction publique et le droit du travail, entre les deux mondes du travail. Il était également essentiel que sur un tel sujet les organisations syndicales fussent présentes, les tables rondes furent passionnantes à cet égard et ont permis de gratter le vernis de normes imposées par voie d'ordonnance pour recomposer le paysage du dialogue social dans la fonction publique en 2022. Pour achever cette balade et tenter d'esquisser, sans insulter l'avenir, les traits saillants de cette réforme du dialogue social, il m'a semblé à partir de l'analyse du cadre du dialogue social ce matin et des enjeux l'après-midi que deux idées avaient émergé à la fois des communications et des débats. Le dialogue social « *made in* 2022 » semble, d'une part, amorcer la fin de l'univers statutaire dans lequel baignent les fonctionnaires depuis 76 ans (1) et, d'autre part, confirmer, voire renforcer, le rapprochement des deux mondes du travail à l'aune des enjeux du travail au XXIe siècle (2).

1. Le dialogue social en 2022 dans la fonction publique, la fin de l'univers statutaire ?

L'astronomie a ceci de fascinant qu'elle permet, en calculant les forces auxquelles les astres obéissent, de programmer la fin de notre monde dans trois ou quatre milliards d'années quand le soleil viendra happer la planète bleue. Pour le statut, cela sera plus rapide. L'univers statutaire, ainsi que l'a rappelé Antony Taillefait, ne s'est pas créé en un jour ; il est le fruit d'un héritage normatif et jurisprudentiel, de débats parlementaires et d'avancées juridiques. Tout cela semble désormais en voie de disparition programmée sans aucun débat parlementaire depuis août 2019, année d'adoption dans la torpeur de l'été de la loi de transformation de la fonction publique (dite loi TFP). Antony Taillefait a dressé le panorama des nouvelles des instances du dialogue social après la loi TFP, François-Xavier Fort ayant, de son côté, évoqué la consécration de la négociation collective dont les modalités ont été analysées par Carole Moniolle. Il y a bien eu sur tous ces points une transformation dont il reste à savoir s'il s'agit ou non d'une « grande transformation » pour reprendre l'expression de l'économiste hongrois Polyani. Les échanges ont montré que le fait de transformer le dialogue social est révélateur d'une volonté de faire entrer le secteur public dans une nouvelle logique qui a amené Ludivine Clouzot à poser la question qui normalement devrait inquiéter : « La situation statutaire du fonctionnaire est-elle en voie de délitement ? » La question méritait d'être posée à la suite de la publication de l'ordonnance du 17 février 2021 et du décret du 7 juillet 2021 et les interventions et discussions ont permis de gratter le vernis de ces normes. Le dialogue social doit être mené entre des acteurs dont la physionomie a été bouleversée par la réforme (A). Quant au discours de la méthode, la consécration de la négociation collective vient donner des coups de boutoir dans la logique statutaire dont cette journée a permis de mesurer les conséquences même s'il est toujours difficile comme l'écrivait Mark Twain de faire des « prévisions surtout lorsqu'elles portent sur l'avenir » (B).

A. Les acteurs du dialogue social : « dépérissement statutaire » ou enrichissement collectif ?

« Quand le futur est incertain, il est difficile d'avoir des paroles justes » ainsi que l'a rappelé fort justement François-Xavier Fort. On pourrait penser *a priori* que les acteurs de ce dialogue semblent entrer dans le cercle des poètes disparus. Il n'en est rien comme l'ont montré les interventions. Des questions ont été posées cependant : la nouvelle physionomie des structures du dialogue social a-t-elle eu pour conséquence le renforcement de la négociation collective ou au contraire risque-t-elle de déboucher sur un dialogue social consacrant ce que le professeur Taillefait appelle un « dépérissement des mandats syndicaux » incarné par le nouveau comité social ? La question est de taille, il s'agit tout simplement de savoir si l'on renonce ou non à l'héritage du compromis historique de 1946 dont Ludivine Clouzot a rappelé les caractéristiques. Toute réforme a besoin d'un contexte. Il a fallu le désastre de la Seconde Guerre mondiale pour que le pouvoir exécutif consacrât le statut général républicain afin de faire oublier l'odieux précédent de Vichy. Soixante-quinze ans plus tard, c'est sous fond de pandémie et sans débat parlementaire que le pouvoir exécutif a réformé le dialogue social avec notamment des comités sociaux qui sont des planètes voraces. Ces nouveaux acteurs remplacent les comités techniques [1] et absorbent également les CHSCT. Cette fusion-absorption a été justifiée par une logique au cœur de la « gouvernance des nombres » si bien analysée par Alain Supiot. Il y avait, selon le gouvernement, trop d'acteurs : environ 22 000 pour 5,5 millions d'agents. Antony Taillefait, qui sait utiliser les calculatrices, a raison de dire que cela ne fait pourtant pas beaucoup (un organe pour 250 agents publics). En réalité, cette réforme grave dans le marbre la nouvelle fonction de ces comités, lesquels vont avoir un rôle de plus en plus technique pour valider les bouleversements liés à la triple transition de notre pays : démographique, numérique et climatique. De nombreux intervenants l'ont dit : la relation d'emploi est en train de changer et le dialogue social va épouser les courbes peut-être inquiétantes de cette grande transformation.

Pour dialoguer, il faut être ensemble autour d'une table. La violence du contexte sanitaire a davantage dynamisé le dialogue social entre les acteurs que les nouvelles normes. *Quid* de la digitalisation ? Le dialogue

[1] E. Aubin, « Existe-t-il un équivalent du comité d'entreprise dans les relations de travail de droit public ? », in V. Bonnin (dir.), *Le comité d'entreprise dans l'évolution de la représentation collective des salariés*, LGDJ, 2020, p. 111.

social a en effet été digitalisé comme jamais depuis le début de la crise sanitaire en mars 2020[1]. La question se pose de savoir si cette digitalisation était conjoncturelle ou peut devenir demain l'un des visages du dialogue social. La transition numérique a été faite, il faudra s'habituer aux « zoomeries » notamment dans les comités sociaux avec la dégradation qui s'ensuit quant à la qualité des échanges ; ne pas négocier les yeux dans les yeux, c'est se priver de 50 % de franchise et 30 % de compromis ; il reste 20 % c'est déjà cela. Les CAP ont un rôle réduit à la portion congrue avec la perte de leur fonction consultative dans la gestion de carrière des personnels, les chefs de service, a précisé Antony Taillefait, vont « avoir les coudées franches » en la matière.

Comme l'a montré notre collègue Antony Taillefait, la loi TFP a profondément réformé les instances du dialogue social dans la fonction publique. Si l'héritage de 1946 a été accepté, on constate toutefois à travers la création du comité social un dépérissement des mandats syndicaux. Il est à redouter une banalisation des comités sociaux et la fin d'un paritarisme. Le récent et si décevant Code général de la fonction publique qui n'aura pas de partie réglementaire et amènera les praticiens du droit de la fonction publique à marcher sur une jambe met immédiatement l'accent sur cette innovation. Le dialogue social semble être important aux yeux de ce médiocre Code (au sens de la qualité rédactionnelle qui est le contre-exemple de ce que l'on demande à nos étudiants en droit). Le dialogue social, a rappelé Ludivine Clouzot, forme le Livre II (exercice du droit syndical et dialogue social). Autrement dit, avant que l'on connaisse les conditions de recrutement des agents publics, on se soucie du dialogue social dans le fonctionnement de la fonction publique ; on discute avant

[1] F. Gea, « La digitalisation du dialogue social », *RDT* 2021, p. 625.

d'être recruté, on voit où sont les priorités. Le titre II est consacré à la négociation et aux accords collectifs[1], le titre IV aux instances consultatives supérieures, le V aux Comités sociaux et le VI aux CAP. Il reste une question qui a été posée : que faut-il retenir de cette approche catalogue ? D'abord, un paradoxe : que penser de la suppression des CHSCT en pleine pandémie et alors que la question de la qualité de vie au travail (QVT) est devenue centrale face aux mutations du travail au XXIe siècle ?

Il était essentiel d'avoir le ressenti des acteurs sur cette réforme structurelle, la table ronde consacrée à « la perception de la réforme par les acteurs du dialogue » a rempli cet office. Mme de Lavalette, chargée notamment du dialogue social à la mairie de Suresnes, a regretté que la loi TFP ne crée pas un climat propice à l'engagement syndical sans lequel le dialogue social perd sa raison d'être. Elle ne reconnaît pas les compétences syndicales. Or, cette faiblesse syndicale induit une logique de participation qui n'est pas à la hauteur des attentes. Laurence Laigo, ancienne secrétaire nationale de la CFDT, a évoqué la faiblesse structurelle du dialogue social dans la fonction publique et attiré l'attention sur le contexte de mutation et de transformation de la relation d'emploi et, au-delà, du corps social. L'emploi au XXIe siècle est en train de changer et cela a impacté le fonctionnement à l'ancienne du dialogue social. Était-il logique d'avoir un lieu unique pour le dialogue social ? La question a reçu une réponse avec l'ordonnance de février 2021. L'impulsion du dialogue social et sa focalisation sur une dimension stratégique sont l'un des enjeux des comités sociaux. Le questionnement reste entier selon Laurence Laigo qui a rappelé, à juste titre, que dans la fonction publique, le problème budgétaire vient verrouiller parfois l'art du dialogue social. Se pose très clairement la question du périmètre de la négociation.

[1] CGFP, art. L. 221-1 et s.

Monsieur Philippe Soubirous, secrétaire fédéral de la Fédération génération des fonctionnaires de FO, a insisté sur la valeur essentielle du dialogue social qui permet de contracter à l'échelle européenne des accords qui ne « repeignent pas la girafe ». Le dialogue social à la mode 2022 est toutefois paradoxal. L'unanimité des syndicats a voté contre la loi TFP mais toutes les organisations syndicales ont voté à l'unanimité les deux premiers accords conclus dans le cadre du dialogue social. Cette posture montre qu'il existe un dédoublement fonctionnel des acteurs du dialogue social dans la fonction publique. Les accords contraignants le sont pour qui et pour quoi ? Pour Philippe Soubirous, il y a un jeu des acteurs qui est totalement nouveau dans la fonction publique. Le statut est une construction qui peut être remplacée par une autre, ce n'est pas un totem en somme, l'accord collectif est peut-être une voie plus moderne permettant d'aller au-delà de l'approche statutaire. Jean-Louis Rouquette, inspecteur général des finances, a rappelé, quant à lui, que le gouvernement n'avait pas d'idée fixe sur les accords collectifs, la copie était quasiment blanche sur ce sujet. En bref, l'accord collectif ne devait pas se substituer au cadre statutaire des fonctionnaires. Il ne s'agissait pas de corroder progressivement le domaine du statut. Que le droit soit statutaire ou bien émane d'un accord collectif ne changera pas grand-chose au fond du problème selon Jean-Louis Rouquette. Pour Olivier Nys, DGS de la ville et de la Métropole de Montpellier, l'application de la réforme touche les trois principales instances, les CAP ayant clairement été dévitalisées. Localement, il relève que sur certains sujets, il y a eu à la demande des organisations syndicales des réunions communes du CT et du CHSCT. Au regard de cette pratique, il n'est peut-être pas illogique que le comité social fusionne ces deux acteurs. Selon monsieur Nys, « le dialogue social ne se joue pas dans les instances, il se dit ailleurs lors de réunions préparatoires ». Sous cet angle, la réforme est intéressante. Il en va de même de l'objectivation des promotions qui dispense de bien des négociations partisanes et n'est pas un recul. Qu'en est-il du remaniement de l'architecture de la négociation par l'ordonnance de février 2021 ?

B. La négociation collective, une mutation achevée du système de relations professionnelles dans la fonction publique ?

La concertation était l'usage dans la fonction publique contrairement à la négociation collective. Comme l'a montré Antony Taillefait, il y a un dépérissement de la concertation sur les rémunérations et jamais de véritables négociations. La négociation risque de devenir moins opérationnelle en raison de ce dépérissement des CAP dont les prérogatives consultatives sont réduites. En théorie, la réforme est justifiée par la nécessité d'un dialogue social plus stratégique, cet adjectif n'étant pas toujours bon signe pour un secteur public qui doit gérer jusqu'à preuve du contraire des services publics soumis à des principes et des valeurs qui les distinguent d'une activité marchande. François-Xavier Fort a montré comment la négociation collective a finalement fini par s'imposer dans le droit de la fonction publique aux risques et périls de la situation statutaire du fonctionnaire. D'où vient-on sur ce point ? On peut parler d'un paritarisme historiquement spécial dans les relations professionnelles au sein des fonctions publiques, une participation incarnée par le mot cogestion. Cette singularité a été remise en cause dans un contexte rappelé par plusieurs intervenants. Le mot cogestion n'est plus dans le Que sais-je ? de Marcel Pochard sur les 100 mots de la fonction publique ; un symbole qu'a relevé le professeur Taillefait. Le processus a débuté en 2010 et s'achève avec l'ordonnance de février 2021. Clairement, les gouvernants recherchent une meilleure efficience du dialogue social. L'administration garde toutefois le contrôle sur l'expression juridique de ce dialogue social. Pour Antony Taillefait, il faut y voir la consécration de la logique managériale qui rendrait possible, selon la ministre de la Fonction publique, une « révolution culturelle dans le dialogue social ». Or, on sait qu'il faut toujours prendre avec méfiance les deux mots « révolution culturelle » qui ont souvent formé un oxymoron. Pour Antony Taillefait, le dialogue social devient une « horloge suisse à coucou dont le ressort est remonté par l'administration ». Pour François-Xavier Fort, la consécration de la négociation collective crée une entaille dans le statut qui remet en cause dans une certaine mesure la logique statutaire. La négociation ne serait-elle pas en train de devenir une alternative au statut ? La norme professionnelle élaborée entre les acteurs du dialogue social deviendra-t-elle une façon de contourner le statut ? Est-ce la recherche d'une souplesse ou le symbole d'une rupture avec la logique statutaire ? On reproche au statut une rigidité et le « fonctionnaire bashing » s'alimente autour d'un égalitarisme qui serait un autobloquant dans l'évolution des relations professionnelles. Certes, il a clairement été rappelé que la négociation collective ne pouvait pas concerner tous les pans de la fonction publique, tant s'en faut. Il y a sur ce point un dégradé normatif : l'accord collectif semble se voir assigner une fonction supplétive à l'édifice statutaire : statut général codifié, statut particulier ensuite et enfin l'accord collectif. Il reste à savoir si l'on ne bâtira pas les accords collectifs sur du sable. François-Xavier Fort a rappelé qu'il existait des outils pour fixer la base de la négociation : le rapport social unique, une base de données sociales ou encore les fameuses lignes directrices de gestion.

Carole Moniolle a analysé, de son côté, les modalités de la négociation collective en droit de la fonction publique en posant notamment la question suivante : l'employeur est-il contraint de négocier ? Le pouvoir de négociation est entre les mains de l'administration. Dans la rédaction, les amendements proposés par les syndicats ne sont pas toujours pris en considération, l'aménagement de la règle de droit issue de la négociation peut sans doute être relativisé. Dans un arrêt du 5 octobre 2021, le Conseil d'État a refusé de transmettre une QPC motivée par le défaut de consultation préalable des organisations syndicales. S'il y a des clauses réglementaires dans l'accord, le texte ne passera pas devant l'instance. Ce constat est problématique car le contenu détermine l'effectivité de la négociation et on sait que lorsque le gouvernement veut passer en force, il ne demande pas l'autorisation préalable. Le cadre juridique ne facilite pas nécessairement les accords collectifs et sans volet financier, la discussion risque d'être creuse. Tout dépendra, là comme ailleurs, de la posture des acteurs. L'absence d'obligation de loyauté a été relevée à la fois par François-Xavier Fort et Carole Moniolle. Celle-ci rappelle que les accords collectifs peuvent être une méthode, un levier de la loyauté mais ces accords sont rares ; « on les arrache » a précisé Carole Moniolle citant un représentant syndical. En outre, la durée de vie et l'évolution des accords collectifs posent la question du suivi de tels accords. Un comité de suivi sera mis en place mais il sera réduit aux organisations signataires ; ce qui est sans doute contestable. Les accords collectifs sont-ils gravés dans le marbre ? Il sera assez difficile de les modifier, les enjeux vont se focaliser sur les accords collectifs comportant des clauses réglementaires. Si une organisation syndicale signataire n'est plus représentative, elle n'aura pas le droit de demander la modification. Comme à son habitude, le Conseil

constitutionnel, peu rompu aux subtilités et nuances de la fonction publique, n'a pas voulu jouer le rôle du père Noël dans la QPC du 10 décembre 2021 puisqu'il n'a vu dans la mise à l'écart de certains syndicats aucune atteinte à un principe constitutionnel.
Les deux mondes formant l'univers du travail se rapprochent donc en raison d'enjeux identiques, on peut parler d'une convergence, même si des réponses restent encore juridiquement différentes car les situations de travail ne sont pas et ne seront jamais identiques pour une raison simple : les irréductibles spécificités du service public.

2. Le dialogue social dans la fonction publique en 2022 ou la convergence des deux mondes du travail

Il faut relire comme nous y ont invités monsieur le doyen Guylain Clamour, Ludivine Clouzot et François-Xavier Fort, la célèbre chronique de Rivero publiée en 1947 : « La fin du droit de la fonction publique[1] ». Les mots résonnent en 2022 : « les mêmes tendances profondes inspirent le statut des travailleurs ordinaires et celui des fonctionnaires et par là même ils se rapprochent ».
De son côté, Ludivine Clouzot s'est intéressée aux liens entre la réforme du dialogue social et la GRH dans la fonction publique. Il y a seize ans, Didier Jean-Pierre avait publié une très belle réflexion sous forme de questionnement : « Du statut général des fonctionnaires à la gestion des ressources humaines dans la fonction publique ?[2] ». Ludivine Clouzot a montré que l'on pouvait désormais retirer le point d'interrogation. Toujours selon

---

[1] J. Rivero, « Vers la fin du droit de la fonction publique ? », D. 1947, chron. 149.
[2] D. Jean-Pierre, « 1946-2006 : du Statut général des fonctionnaires à la gestion des ressources humaines dans la fonction publique », *JCP A* 2006, n° 1241.

Didier Jean-Pierre, « les débats actuels sur le dialogue social pourraient avoir à terme des conséquences inattendues sur le droit de la fonction publique ». Les échanges lors de ce colloque ont permis, seize ans plus tard, de montrer que nous y sommes. Les conséquences inattendues sont désormais là et chacune et chacun a pu mesurer aujourd'hui le saut que constitue la reconnaissance d'une validité juridique des accords collectifs. Cela signifie clairement que dans les années qui viennent une nouvelle source normative va exercer une influence non négligeable sur la relation d'emploi dans la fonction publique : la source conventionnelle (A). Le droit applicable aux agents publics va être de plus en plus négocié dans chaque versant et, en leur sein, au sein de chaque administration ; on peut parler d'une illustration supplémentaire de la « travaillisation » de la fonction publique qui risque d'être synonyme d'une fragmentation du droit heurtant de plein fouet la logique statutaire (B).

A. L'avènement d'un droit conventionnel de la fonction publique

Un rapport du Conseil d'État en 2003 soulignait alors la répartition des rôles entre la loi et l'accord collectif en ajoutant qu'il faudrait « sans doute que la loi pose le principe d'un droit des fonctionnaires à la négociation collective de tout ou partie de leurs conditions d'emploi et de travail, mais aussi détermine les conditions de validité, en la forme et sur le fond, de ces accords collectifs ainsi que les conditions auxquelles seraient subordonnées leur prise d'effet, leur dénonciation et leur extension [1] ». La loi n° 2010-751 du 5 juillet 2010 relative au dialogue social dans la fonction publique avait non seulement élargi le

[1] Conseil d'État, Considérations générales sur les perspectives de la fonction publique, EDCE, La Documentation française, 2003.

champ des matières pouvant faire l'objet de négociation mais également fixé des règles de validité juridique des accords collectifs. De son côté, le juge était resté fidèle à sa jurisprudence en jugeant que les protocoles d'accord sont dépourvus de toute valeur juridique et ne constituent pas des actes faisant grief susceptibles de recours devant le juge administratif[1]. On pouvait toutefois imaginer en 2010 qu'une « meilleure prise en compte du dialogue social pourrait aboutir à la reconnaissance de la validité d'accords collectifs comme source autonome du droit de la fonction publique[2] ». Cette évolution prévisible semble bien avoir abouti comme l'ont montré plusieurs interventions car le Statut général de la fonction publique est désormais balkanisé par un CGFP dont les dispositions ne manqueront pas d'être prolongées localement par des conventions collectives de droit public. « Nourrie et éclairée par le droit du travail » comme l'a démontré Paul-Henri Antonmattei, la réforme prend alors toute son ampleur. On retrouve, peut-être, ici, l'idée d'un « droit administratif du travail » évoquée par Rivero en 1960[3]. La loi TFP et l'ordonnance de 2021 permettent, enfin, de reconnaître une validité juridique aux accords collectifs qui nécessairement évoquent les conventions collectives. Pour le meilleur ou pour le pire ? Il existe une conventionnalisation du droit du travail qui annonce sans doute ce qui va se passer dans le

[1] CE, 22 mai 2013, Fédération Interco CFDT, n° 356903, Lebon ; *AJFP* 2014, p. 15 ; *AJDA* 2013, p. 1077 ; *ibid.*, 2041, note F. Melleray, confirmant de nombreuses décisions antérieures, dont CE, 27 oct. 1989, Syndicat national des ingénieurs des études et de l'exploitation de l'aviation, n° 102990, Lebon et CE 6 mars 2002, Fédération intersyndicale des établissements d'hospitalisation privés, n° 228611.

[2] D. Jean-Pierre, « 1946-2006 : du statut général des fonctionnaires à la gestion des ressources humaines dans la fonction publique », *JCP A* 2006, n° 42.1241.

[3] J. Rivero, « Droit administratif et droit du travail », *Droit social* 1960, p. 610.

droit de la fonction publique. On peut parler désormais d'une « négociation à effet normatif ». Faut-il se féliciter ou s'inquiéter de l'avènement de cette nouvelle catégorie de contrats administratifs qui sont le fruit d'accords politiques ? Quel sera le régime juridique des dizaines d'accords collectifs qui risquent d'être adoptés dans les années à venir ? Le droit de la fonction publique ne va-t-il pas avoir des allures d'auberge espagnole ? Le professeur Antonmattei s'est livré à un brillant exercice de droit prospectif pour dresser ce qui pourrait être demain le nouveau paysage normatif dans la fonction publique sur lequel on reviendra dans le dernier point de ce rapport. L'ordonnance du 17 février 2021 a donc franchi le Rubicon en conférant aux accords collectifs une portée normative, dans certaines matières, toutes situées hors du champ statutaire[1]. Le droit de la fonction publique a ainsi capté une source traditionnelle du droit du travail, qui l'enrichit de la prise en compte des aspirations des acteurs du service public ; l'opposition classique entre la dynamique du dialogue social et le cadre statutaire a pu être dépassée, à la faveur d'un « en même temps » équilibré et d'une articulation inédite des niveaux national et local de définition de la norme. Deux guides de négociation collective ont déjà été mis en ligne pour aider les acteurs publics. Comme l'a démontré François-Xavier Fort, le choix des domaines de « conventionnalisation » n'est en rien anodin, à l'instar du temps de travail, des conditions et de l'organisation du travail à travers la sécurité ou la santé au travail ou encore l'égalité professionnelle entre les hommes et les femmes ; si ces domaines ne constituent en rien des garanties fondamentales au sens de l'article 34 de la Constitution, matières hors champ de la négociation comme l'on sait. Leur importance est stratégique dans le

[1] E. Marc, « L'ordonnance du 17 février 2021 : extension substantielle et maîtrisée de la négociation collective », *AJFP* 2021, p. 133.

dialogue social, ils sont des enjeux fondamentaux dans les relations de travail mais au-delà, les thèmes répertoriés dépassent le seul enjeu de la relation de travail.
La France est un pays étrange, on y oppose dialectiquement des notions et concepts qui, en réalité, sont complémentaires. Pourquoi opposer le droit de la fonction publique et le droit du travail ? Pourquoi opposer le droit administratif au droit du travail ? Il a été démontré que le champ d'application matériel de la négociation collective n'impactait pas le cœur du statut conformément à la théorie de l'artichaut. On enlève progressivement des feuilles, qui sont autant de couches normatives statutaires mais pour l'instant on ne touche pas encore au cœur du droit statutaire. L'ordonnance de février 2021 recèle bien des potentialités qui pourraient permettre de multiplier les compromis au sein des dizaines de milliers d'employeurs publics au lieu et place de l'imposition d'un droit *top down*. Le dialogue social pour quoi faire ? Ludivine Clouzot a montré, à cet égard, que le dialogue social pouvait être un outil de dialogue opportun pour renforcer les politiques de ressources humaines dans les administrations. La stratégie RH devient dès lors un sujet de dialogue social. Sous ce rapport, les lignes directrices de gestion auront un rôle important avec la négociation collective. Le nouveau dialogue social pourrait également être un outil très opérationnel pour déboucher, par exemple, sur un compromis quant à l'application de la législation sur le temps de travail dans la fonction publique. Cela éviterait, d'une part, aux préfets de jouer aux petits Napoléons en déférant les délibérations des collectivités territoriales et d'autre part, au juge administratif d'avoir à trancher des différends juridiques d'arrière-garde nourris au lait du principe de parité entre la fonction publique de l'État et la territoriale.

Le thème de la QVT pourrait également être une terre d'élection de la négociation collective. Toutefois, pour impacter la politique RH des administrations, encore faut-il que les nouveaux outils managériaux (feuille de route triennale, base de données sociales, Rapport social unique, lignes directrices de gestion et négociation collective) créés par la réforme et analysés de façon affinée par Ludivine Clouzot soient maîtrisés par les acteurs publics. Il faudra sans doute du temps pour que le lien entre cette réforme du dialogue social et la politique RH soit affermi. La culture de la participation ne se décrète pas et là comme ailleurs ce n'est pas la norme qui fera le printemps ; il va *« falloir changer de mentalité »* pour reprendre l'expression de Ludivine Clouzot. Dans l'immédiat, il est significatif de relever que le premier accord collectif négocié dans le cadre de cette ordonnance a été signé à l'unanimité entre Madame la ministre Amélie de Montchalin et les neuf organisations syndicales des trois versants de la fonction publique ainsi que par l'ensemble des représentants des employeurs territoriaux et la Fédération hospitalière de France, le 13 juillet 2021 pour mettre en œuvre le télétravail dans la fonction publique. Un deuxième accord a été trouvé le 26 janvier 2022 sur la protection sociale complémentaire (PSC) des agents publics sans intégrer le volet de la prévoyance qui est plus coûteux. Mais l'essentiel est ailleurs, on étend à la fonction publique ce qui existait déjà dans le secteur privé. Suivisme une fois de plus. Faut-il s'en plaindre sur de telles questions ?
La seconde table ronde a mis les sujets du dialogue social sur la table à travers le prisme des conséquences de la réforme de février 2021. Philippe Soubirous, secrétaire fédéral de la Fédération générale des fonctionnaires de FO, a rappelé que l'accord de méthode était fondamental avec une dimension contractuelle pour engager les parties. Il cite l'exemple de l'accord PSC scindé puisqu'il n'intègre pas la

prévoyance. Le dialogue social a finalement abouti avec un accord sur la protection sociale complémentaire. On voit ici l'intérêt de ne pas être arc-bouté sur ce qui était prévu au départ. Toujours les mots de Victor HUGO avec lesquels le présent rapport a été ouvert. Blandine Fortin-Peyron, DRH de la ville et de la Métropole de Montpellier, a présenté les outils dans la fonction publique en indiquant qu'il fallait acquérir la culture du dialogue social et s'adapter à des nouvelles perspectives et des mots qui ne doivent pas demeurer uniquement des mots-valises. Dans la territoriale, il y a également la dialectique du jeu politique et du jeu professionnel, il faudra que sur le sujet du dialogue social les deux sphères politique et administrative soient en symbiose (un dialogue dans le dialogue en somme). Valérie Brunier, qui dirige un hôpital public, a permis de boucler la boucle en intégrant le versant hospitalier. Dans ce troisième versant, la négociation collective peut être la formule magique. Deux mondes se côtoient qui font que la négociation collective pourrait bien relever de la résilience dans l'hospitalière. Le nouveau dialogue social pourrait donc être la planche de salut du service public hospitalier en rendant possible un dialogue par-delà les particularismes au sein de cet employeur public réformé en profondeur en 2009. La négociation collective sera peut-être un alibi pour remettre les choses à plat et revoir les organisations du travail et rendre possible un changement de paradigme. Cette table ronde a montré la vraisemblance d'un droit commun aux deux secteurs public et privé.

B. La « travaillisation » renforcée du droit de la fonction publique : vers un droit commun aux deux mondes du travail

Il est devenu coutumier d'évoquer un « délitement des frontières[1] » entre les deux mondes du travail même si ce constat n'a rien de récent. Il remonte au tout début des années 1950 avec la réflexion notamment du travailliste Paul Durand[2]. Il y a onze ans, le conseiller à la Cour de cassation Yves Struillou écrivait même que le droit du travail était « l'horizon indépassable du droit de la fonction publique [3] ». Aujourd'hui, notre collègue Paul-Henri Antonmattei s'est livré à un très bel exercice de style en allant débusquer l'influence du droit du travail dans la réforme du dialogue social dans la fonction publique. Le droit du travail serait comme la lumière projetant un éclairage sur une statue, cela permettrait de voir de nouvelles aspérités, d'avoir une vision plus globale. Paul-Henri Antonmattei a démontré que l'accord collectif trouvait enfin une nouvelle terre d'élection dans la fonction publique : « le statut conventionnel » expérimenté auparavant dans le secteur privé. Nul doute qu'il existe désormais pour les travaillistes un nouveau champ d'investigation et de comparaison, les mutations

---

[1] E. Marc, « Droit du travail et droit de la fonction publique : des influences réciproques à l'émergence d'un "droit de l'activité professionnelle" ? », *RFDA* 2010, p. 1171.

[2] P. Durand, « Le particularisme du droit du travail », *Droit social* 1946, p. 66 : « Le dualisme de la convention collective de travail », *RTDC* 1939, p. 353 et surtout son article de convergence sur les deux droits régissant les relations professionnelles des deux secteurs : « Naissance d'un droit nouveau. Du droit du travail au droit de l'activité professionnelle », *Droit social* 1952, pp. 437.

[3] Y. Struillou, « Le droit du travail, horizon indépassable du droit de la fonction publique », *AJDA* 2011, p. 2399.

contemporaines du droit de la fonction publique ayant transformé en châteaux de cartes des catégories juridiques. Un droit de l'activité professionnelle est en train de naître ou plutôt de renaître[1]. Mais Paul-Henri Antonmattei évoque un autre droit de l'activité professionnelle indépendant de la situation professionnelle, un droit qui est en phase avec les mutations propres à notre époque. Selon lui, l'ordonnance et le décret ont une filiation légitime avec le Code du travail qui fait gagner 20 ans à la fonction publique par rapport au temps qu'il a fallu pour faire entrer la négociation collective dans le Code du travail. L'absence du mot loyauté importe peu, le juge administratif devrait faire le reste et mobiliser les théories de l'interprétation car il n'y a jamais de vide juridique quitte à créer un PGD. Selon le professeur Antonmattei, le juge de l'accord collectif ne sera pas que judiciaire dans les années qui viennent.

Il existe donc bien une convergence des normes applicables à l'ensemble des travailleurs mais plusieurs intervenants dont François-Xavier Fort et Paul-Henri Antonmattei ont relevé la présence « de trous dans la raquette » de l'ordonnance. François-Xavier Fort a ainsi relevé des différences avec le secteur privé. L'ordonnance n'a pas défini une obligation périodique de négociation comme cela existe dans le droit du travail. De la même manière, le texte ne prévoit pas de clause de révision pour les accords collectifs conclus contrairement à l'article L. 2222-5 du Code du travail ; il sera néanmoins possible aux partenaires sociaux d'insérer dans leur accord une telle clause. Les clauses réglementaires doivent impérativement respecter les accords collectifs conclus à un niveau supérieur. Il semble qu'une différence puisse être ici faite avec le droit du travail, notamment l'articulation entre l'accord de

---

[1] P. Durand, « Naissance d'un droit nouveau. Du droit du travail au droit de l'activité professionnelle », *Droit social* 1952, p. 437.

branche et l'accord d'entreprise telle qu'elle résulte de l'article L. 2253-3 du Code du travail. En droit de la fonction publique, le niveau subordonné doit respecter le niveau supérieur ; la hiérarchie inversée est un *casus belli* en droit administratif… pour l'instant ! En droit public, l'accord conclu sous l'égide du préfet pour les services de l'État dans le département devra être conforme à l'accord ministériel conclu pour les services déconcentrés de l'État. Les accords inférieurs ne devront être conclus que pour préciser, voire aménager l'accord supérieur. La seule contradiction qui semble pouvoir exister devra se fonder uniquement sur le principe de faveur. Paul-Henri Antonmattei a également relevé qu'« en droit du travail, le principe de primauté de l'accord d'entreprise sur l'accord de branche est acté ». Il ne peut évidemment pas en aller de même dans la fonction publique car l'intérêt général prime toujours sur les intérêts particuliers. Ainsi que le rappelle l'éminent travailliste ayant démontré l'existence d'un nouveau droit du travail depuis le XXIe siècle[1], « le pouvoir est toujours au cœur de la réflexion lorsque l'on touche à la source ». Si l'on prolonge la métaphore sportive avec Paul-Henri Antonmattei, les trous dans la raquette pourraient être comblés par l'intelligence collective et une dynamique nouvelle nécessitant une appropriation par des acteurs qui vont cheminer en randonnée juridique et se livrer à un dialogue social dynamisé. Le suivi de la règle conventionnelle par rapport à la réalité temporelle montre que le mot stratégie est au cœur de la négociation de l'accord collectif. Il va falloir monter en compétence et assurer des formations tous azimuts ; l'idéal étant sans doute qu'une formation commune soit assurée pour les acteurs du dialogue social. Dans l'immédiat, « le risque » existe, selon François-Xavier Fort, « d'une véritable

[1] P.-H. Antonmattei, Droit du travail, *LGDJ*, coll. « Domat droit privé », 2021.

fragmentation du droit ; certains employeurs publics vont tenter de développer cette dynamique alors que d'autres vont s'arc-bouter sur le statut devenu code ». Le Code constitue un autre beau sujet de réflexion tant il est perfectible. Il ne serait pas illogique, à cet égard, que le CGFP renvoie au Code du travail dans certaines de ses dispositions. Paul-Henri Antonmattei indique que le temps est peut-être venu d'une partie liminaire identique dans le Code du travail et le Code général de la fonction publique ; cela aurait le mérite d'une certaine clarté.

TABLE DES MATIÈRES

Structures éditoriales du groupe L'Harmattan

L'Harmattan Italie
Via degli Artisti, 15
10124 Torino
harmattan.italia@gmail.com

L'Harmattan Hongrie
Kossuth l. u. 14-16.
1053 Budapest
harmattan@harmattan.hu

L'Harmattan Sénégal
10 VDN SICAP AMITIE 3
BP 45034 Dakar-Fann
direction@senharmattan.com

L'Harmattan Cameroun
Tsinga/Derrière polyclinique FECAFOOT
BP 11486 Yaoundé
Jacques.koukam@harmattan.fr

L'Harmattan Burkina Faso
Villa 281, secteur 23 623, rue 14.32
Ouagadougou
zagbie@outlook.fr

L'Harmattan Guinée
Almamya, rue KA 028 OKB Agency
BP 3470 Conakry
harmattanguinee@yahoo.fr

L'Harmattan RDC
185, avenue Nyangwe
Commune de Lingwala – Kinshasa
matangilamusadila@yahoo.fr

L'Harmattan Congo
219, avenue Nelson Mandela
BP 2874 Brazzaville
deunovmikhael@gmail.com

L'Harmattan Mali
Immeuble Mgr Jean Marie Cissé
Aci Hamadallaye
BP 145 Bamako
syllaka@yahoo.fr

L'Harmattan Togo
Djidjole – Maison Amela
face EPP BATOME
02 BP 20680 Lomé
didieramela11@gmail.com

L'Harmattan Côte d'Ivoire
Résidence Karl – Cité des Arts
Abidjan-Cocody
03 BP 1588 Abidjan
harmattan.ivoire@gmail.com

L'Harmattan Bénin
Rue 604, (Immeuble à l'entrée
de la rue UCAO- Cite de Saint-Jean)
Cotonou
stepcorpus@gmail.com

Nos librairies en France

Librairie internationale
16, rue des Écoles
75005 Paris
librairie.internationale@harmattan.fr
01 40 46 79 11
www.librairieharmattan.com

Librairie des savoirs
21, rue des Écoles
75005 Paris
librairie.sh@harmattan.fr
01 46 34 13 71
www.librairieharmattansh.com

www.ingramcontent.com/pod-product-compliance
Lightning Source LLC
LaVergne TN
LVHW010938061026
849535LV00007B/2457
9782336443560